Indice del Libro

Software

Software

Appendice

- Glossario dei Termini Tecnici

- Risorse Consigliate per l'Approfondimento

- 100 Domande e Risposte Frequenti su Tutti gli Argomenti Trattati

Capitolo 1: Principi e Tecnologie dell'Ingegneria del Software

1.1 Introduzione all'Ingegneria del Software

L'ingegneria del software è una disciplina che riguarda la progettazione, lo sviluppo, la manutenzione, la gestione e l'evoluzione del software. A differenza della programmazione, che si concentra sull'implementazione di singole funzionalità, l'ingegneria del software considera l'intero ciclo di vita del software, dai requisiti iniziali alla manutenzione post-implementazione.

L'obiettivo principale è quello di produrre software di alta qualità, che soddisfi le esigenze degli utenti e che sia manutenibile e scalabile nel tempo. Questo si ottiene attraverso l'applicazione di principi, metodi e strumenti specifici.

1.2 Fasi di Sviluppo del Software

Il processo di sviluppo del software può essere scomposto in diverse fasi fondamentali:

Software

1. Analisi dei Requisiti: Durante questa fase, si raccolgono e si analizzano i requisiti funzionali e non funzionali del software. Questo processo coinvolge strettamente i clienti e gli stakeholder per garantire che il prodotto finale risponda alle loro aspettative.

2. Progettazione: Una volta definiti i requisiti, si passa alla progettazione dell'architettura del software. Questa fase prevede la definizione delle componenti del sistema, delle loro interazioni e della struttura generale del software.

3. Implementazione: Durante l'implementazione, il progetto viene tradotto in codice sorgente utilizzando linguaggi di programmazione appropriati. È la fase in cui gli ingegneri del software scrivono il codice che andrà a costituire il prodotto finale.

4. Testing: Il software sviluppato viene sottoposto a diverse tipologie di test (unitari, d'integrazione, di sistema e di accettazione) per individuare e correggere eventuali bug e problemi.

5. Manutenzione e Update: Dopo il rilascio, il software può richiedere manutenzione per correggere errori scoperti dagli utenti o per aggiornamenti che introducono nuove funzionalità o migliorano quelle esistenti.

1.3 Modelli di Ciclo di Vita del Software

Esistono vari modelli di ciclo di vita del software, ciascuno con i propri vantaggi e svantaggi:

- Modello a Cascata: Questo modello lineare suddivide il processo di sviluppo in fasi sequenziali. È semplice e strutturato, ma può essere rigido e non molto flessibile di fronte ai cambiamenti nei requisiti.

- Modello Incrementale: In questo modello, il software viene sviluppato e rilasciato in piccoli incrementi, ciascuno dei quali aggiunge nuove funzionalità. Questo permette di ottenere feedback continuo dagli utenti e di adattare il prodotto in corso d'opera.

- Modello Agile: Agile è un insieme di metodologie che promuovono lo sviluppo iterativo e incrementale, con un forte focus sulla collaborazione con il cliente e la capacità di rispondere rapidamente ai cambiamenti.

1.4 La Fase di Testing

Il testing è una fase critica dello sviluppo del software. Esistono diverse tipologie di test, ciascuna con uno scopo specifico:

- Test Unitari: Verificano il funzionamento delle singole unità o componenti del software.

- Test di Integrazione: Valutano il funzionamento delle componenti quando vengono integrate.

- Test di Sistema: Testano il software nel suo complesso, verificando che tutti i componenti funzionino correttamente insieme.

- Test di Accettazione: Conducono prove con gli utenti finali per garantire che il software soddisfi le loro esigenze.

1.5 La Fase di Manutenzione e Update

Dopo il rilascio del software, inizia la fase di manutenzione, che include la correzione di bug, l'aggiornamento delle funzionalità e il miglioramento delle prestazioni. La manutenzione può essere suddivisa in:

- Correttiva: Corregge errori e difetti.

- Adattiva: Modifica il software per adattarlo a nuovi ambienti o condizioni operative.

- Perfettiva: Migliora le prestazioni o le funzionalità del software.

- Preventiva: Modifica il software per migliorare la sua manutenibilità futura.

Procederò con la stesura dell'intero libro secondo l'indice fornito. La lunghezza di questo lavoro richiederà diverse parti, ma farò del mio meglio per coprire tutti gli argomenti indicati. Qui di seguito proseguo con la parte successiva del libro.

Capitolo 2: Cicli di Vita del Software Open Source e Proprietario

2.1 Caratteristiche del Software Open Source

Il software open source è caratterizzato dal fatto che il suo codice sorgente è disponibile pubblicamente. Ciò permette a chiunque di visualizzarlo, modificarlo e distribuirlo, rispettando la licenza sotto cui è rilasciato. Le principali caratteristiche del software open source includono:

- Trasparenza: Il codice sorgente è accessibile e può essere studiato, verificato e migliorato da chiunque.

- Collaborazione: Lo sviluppo del software è spesso il risultato di una collaborazione globale, con contributi provenienti da diversi sviluppatori.

- Flessibilità: Gli utenti possono personalizzare il software in base alle proprie esigenze.

- Licenze: Il software open source è distribuito con licenze specifiche (come GPL, MIT, Apache) che regolano i diritti e i doveri degli utenti.

2.2 Ciclo di Vita del Software Open Source

Il ciclo di vita del software open source segue una serie di fasi simili a quelle del software proprietario, con alcune differenze sostanziali dovute alla natura aperta del progetto:

1. Inizio del Progetto: Spesso un progetto open source inizia con l'identificazione di un bisogno non soddisfatto da software esistenti. Un singolo sviluppatore o un piccolo gruppo può avviare il progetto pubblicando il codice sorgente su piattaforme come GitHub.

2. Collaborazione e Contributo: Una volta che il progetto è disponibile, altri sviluppatori possono contribuire con codice, segnalazioni di bug, suggerimenti, o documentazione.

Software

---

3. Testing e Versionamento: Le nuove funzionalità e le correzioni vengono testate dalla comunità. Le versioni stabili sono rilasciate periodicamente, spesso accompagnate da versioni "nightly" o "beta" per chi desidera provare le ultime modifiche.

4. Manutenzione Continua: Il progetto open source viene mantenuto attraverso la collaborazione continua. La comunità contribuisce a mantenere il software aggiornato, correggendo bug, aggiungendo nuove funzionalità, e migliorando la sicurezza.

2.3 Caratteristiche del Software Proprietario

Il software proprietario è distribuito con una licenza che limita l'accesso al codice sorgente e i diritti degli utenti finali. Le principali caratteristiche includono:

- Codice Sorgente Chiuso: Il codice sorgente non è disponibile al pubblico e non può essere modificato dagli utenti.

- Licenze Restrittive: Gli utenti devono accettare una licenza che specifica le condizioni d'uso del software, spesso limitando la possibilità di ridistribuzione o modifica.

- Supporto e Aggiornamenti: Gli aggiornamenti e il supporto tecnico sono forniti dal produttore del software, spesso tramite contratti di manutenzione a pagamento.

- Controllo: Il produttore ha il pieno controllo sul software, inclusi i diritti di sviluppo, distribuzione e utilizzo.

2.4 Ciclo di Vita del Software Proprietario

Il ciclo di vita del software proprietario segue una sequenza più tradizionale di fasi, gestite interamente dall'azienda o dal gruppo che sviluppa il software:

1. Analisi di Mercato e Pianificazione: Prima dello sviluppo, l'azienda esegue un'analisi di mercato per identificare le esigenze degli utenti e pianifica le funzionalità del software.

2. Sviluppo Interno: Il team di sviluppo interno crea il software seguendo i requisiti definiti, con accesso esclusivo al codice sorgente.

3. Testing e Debugging: Il software viene testato internamente per garantire che soddisfi gli standard di qualità aziendali. Questa fase può includere beta testing con un gruppo selezionato di utenti.

4. Rilascio e Distribuzione: Una volta completato, il software viene rilasciato al pubblico sotto licenza proprietaria, spesso accompagnato da manuali, supporto tecnico e aggiornamenti.

5. Manutenzione e Supporto: L'azienda fornisce aggiornamenti e supporto agli utenti, che possono includere correzioni di bug, nuove funzionalità, o miglioramenti della sicurezza.

2.5 Confronto tra Software Open Source e Proprietario: Vantaggi e Svantaggi

Entrambi i tipi di software hanno vantaggi e svantaggi che li rendono più o meno adatti a diverse situazioni:

- Costi: Il software open source è generalmente gratuito, mentre il software proprietario richiede l'acquisto di licenze.
- Personalizzazione: L'open source offre una maggiore possibilità di personalizzazione, mentre il software proprietario può essere limitato alle funzionalità offerte dal produttore.
- Supporto: Il software proprietario spesso offre supporto professionale, mentre l'open source può dipendere dal supporto della comunità o da aziende terze.
- Sicurezza: Il software open source è trasparente, il che può aumentare la sicurezza grazie alla revisione del codice da parte della comunità. Tuttavia, il software proprietario può offrire soluzioni di sicurezza più integrate e supporto tecnico.

Capitolo 3: License e Requisiti Software

3.1 Tipologie di Licenze Software

Esistono diverse tipologie di licenze software che regolano l'uso, la distribuzione e la modifica del software. Tra le più comuni troviamo:

- GPL (General Public License): Una delle licenze open source più comuni, che permette la libera distribuzione e modifica del software, a condizione che il software derivato sia rilasciato sotto la stessa licenza.

- MIT License: Una licenza permissiva che consente quasi totale libertà di utilizzo, modifica e distribuzione del software, con pochi requisiti.

- Licenza Proprietaria: Una licenza che limita severamente i diritti degli utenti, concedendo solo il diritto di usare il software secondo i termini stabiliti dal produttore.

3.2 Requisiti Software: Funzionali e Non Funzionali

I requisiti software sono divisi in due categorie principali:

- Requisiti Funzionali: Definiscono cosa deve fare il software, incluse le funzionalità e i servizi che deve offrire. Esempi includono la capacità di gestire transazioni, generare report, o autenticare utenti.

- **Requisiti Non Funzionali**: Riguardano le qualità del sistema, come le prestazioni, la sicurezza, la scalabilità, e l'usabilità. Questi requisiti determinano come il sistema funziona piuttosto che cosa fa.

Capitolo 4: Introduzione ai Server Web

4.1 Cos'è un Server Web

Un server web è un software che accetta richieste HTTP da client, tipicamente browser web, e restituisce risposte sotto forma di pagine web. Esso costituisce il cuore di qualsiasi applicazione web, gestendo la comunicazione tra il front-end e il back-end.

4.2 Comunicazione tra Browser e Server Web

La comunicazione tra browser e server avviene tramite il protocollo HTTP o HTTPS. Il browser invia una richiesta HTTP al server web, che elabora la richiesta e invia indietro una risposta contenente il contenuto richiesto, come una pagina HTML, un file multimediale, o un'API JSON.

4.3 Configurazione di un Server Web Locale

Un server web locale può essere configurato su una macchina locale per lo sviluppo e il test di applicazioni web. Gli strumenti più comuni includono:

- Apache: Un server web molto popolare e versatile.

- Nginx: Conosciuto per la sua alta performance e capacità di gestire molte connessioni contemporaneamente.

- XAMPP/WAMP: Pacchetti preconfigurati che includono server web, database, e altre utility utili per lo sviluppo locale.

4.4 Componenti Software di un Server Web

I componenti principali di un server web includono:

- Web Server: Gestisce le richieste HTTP e serve i contenuti al client.

- Database Server: Archivia e gestisce i dati utilizzati dall'applicazione web.

- Application Server: Esegue le logiche di business e genera contenuti dinamici.

4.5 Installazioni Preconfezionate di Server Web

Esistono diverse installazioni preconfezionate che rendono facile la configurazione di un ambiente di sviluppo web completo, come LAMP (Linux, Apache, MySQL, PHP) e MEAN (MongoDB, Express.js, Angular, Node.js).

Capitolo 5: Funzionamento e Tipologie di Server Web

5.1 Come Funziona un Server Web

Un server web funziona accettando richieste dai client e rispondendo con i contenuti appropriati. Utilizza protocolli come HTTP e HTTPS per comunicare e può servire contenuti

statici (file HTML, immagini) o dinamici (generati da script lato server).

5.2 Cosa Fa un Server Web

Il compito principale di un server web è di accettare richieste da client (come i browser), processare queste richieste, e inviare le risposte appropriate. Può gestire l'autenticazione degli utenti, la sicurezza delle comunicazioni, e la gestione delle sessioni.

5.3 Tipologie di Server Web

Esistono diversi tipi di server web, ciascuno ottimizzato per specifiche esigenze:

- Server Statici: Servono contenuti statici direttamente dai file del sistema.

- Server Dinamici: Generano contenuti dinamicamente utilizzando linguaggi di scripting come PHP, Python, o Node.js.

- Proxy Server: Agiscono come intermediari tra client e server, migliorando prestazioni e sicurezza.

Capitolo 6: OSI Model e Sicurezza

6.1 Modello OSI di Rete

Il modello OSI è una struttura teorica che suddivide la comunicazione di rete in sette livelli distinti:

1. Livello Fisico: Trasmissione fisica di dati (cavi, onde radio).

2. Livello di Collegamento Dati: Trasferimento di dati tra nodi direttamente collegati.

3. Livello di Rete: Gestione dell'indirizzamento e routing dei pacchetti.

4. Livello di Trasporto: Fornisce un trasferimento di dati affidabile.

5. **Livello di Sessione**: Gestione delle sessioni di comunicazione.

6. **Livello di Presentazione**: Traduzione, crittografia e compressione dei dati.

7. Livello Applicativo: Interfaccia con le applicazioni (HTTP, FTP).

6.2 Sicurezza nei Diversi Livelli OSI

La sicurezza nelle reti informatiche deve essere considerata a tutti i livelli del modello OSI:

- Livello Fisico: Protezione contro accessi fisici non autorizzati.

- Livello di Collegamento Dati: Controllo degli accessi e prevenzione degli attacchi man-in-the-middle.

- Livello di Rete: Implementazione di firewall e protocolli di routing sicuri.

- Livello di Trasporto: Uso di TLS/SSL per garantire la sicurezza delle comunicazioni.

- Livello di Sessione: Protezione contro interruzioni di sessione e hijacking.

- Livello di Presentazione: Crittografia dei dati per proteggere la privacy.

- Livello Applicativo: Implementazione di autenticazione e autorizzazione sicure.

Capitolo 7: Protocolli di Comunicazione e Sicurezza

7.1 Protocolli HTTP, HTTPS, FTP, SFTP

Ogni protocollo ha caratteristiche specifiche:

- HTTP: Protocollo base per la trasmissione di pagine web.

- HTTPS: HTTP sicuro, che utilizza TLS/SSL per criptare le comunicazioni.

- FTP: Protocollo per il trasferimento di file, non sicuro per trasferimenti sensibili.

- SFTP: FTP sicuro, che utilizza SSH per garantire la sicurezza del trasferimento.

7.2 Differenze tra TCP e UDP

TCP e UDP sono protocolli di trasporto che offrono diversi livelli di servizio:

- TCP: Affidabile, orientato alla connessione, adatto per applicazioni dove la perdita di dati non è tollerabile (es. trasferimento di file).

- UDP: Meno affidabile, ma più veloce e leggero, adatto per applicazioni in tempo reale (es. streaming video).

Capitolo 8: Architetture di Rete e Sicurezza

8.1 Tipologie di Reti: LAN, MAN, WAN, GAN

Le reti si distinguono per la loro scala e ambito:

- LAN (Local Area Network): Copre una piccola area geografica, come un ufficio.

- MAN (Metropolitan Area Network): Copre una città o un'area metropolitana.

- WAN (Wide Area Network): Copre grandi aree geografiche, spesso nazioni o continenti.

- GAN (Global Area Network): Una rete globale, spesso riferita a Internet.

8.2 Sicurezza nelle Architetture di Rete

La sicurezza nelle reti varia a seconda del tipo di rete:

- LAN: Protezione contro accessi interni non autorizzati.

- WAN: Uso di VPN e crittografia per proteggere i dati trasmessi su lunghe distanze.

- GAN: Implementazione di misure di sicurezza globali per proteggere contro minacce diffuse in tutto il mondo.

Capitolo 9: Sicurezza di Rete e Crittografia

9.1 Firewall e Protocolli di Sicurezza

I firewall controllano il traffico in entrata e in uscita da una rete, bloccando il traffico non autorizzato. I principali protocolli di sicurezza includono SSL/TLS per le comunicazioni sicure, e SSH per l'accesso sicuro ai server.

9.2 Crittografia delle Transazioni

La crittografia è essenziale per proteggere i dati sensibili durante la trasmissione. OpenSSH, ad esempio, fornisce un canale crittografato sicuro per le transazioni e la gestione remota dei server.

Capitolo 10: Confronto tra Sistemi Operativi per Server

10.1 Prestazioni e Sicurezza: Windows Server vs. Ubuntu Server vs. Debian

Confrontare i sistemi operativi per server richiede l'analisi di diversi aspetti:

- Windows Server: Facile da usare, con ampio supporto software, ma può essere più vulnerabile a determinati tipi di attacchi e richiede più risorse hardware.

- Ubuntu Server: Basato su Linux, è gratuito, sicuro, e ottimizzato per la scalabilità, con un grande ecosistema di pacchetti software.

- Debian: Molto stabile e sicuro, preferito per server che richiedono alta affidabilità e un ciclo di vita lungo.

10.2 Scelta del Sistema Operativo in base alla Sicurezza

Per progetti semplici, Ubuntu Server può offrire un buon equilibrio tra usabilità e sicurezza. Per progetti avanzati, Debian potrebbe essere preferibile per la sua stabilità e robustezza, mentre Windows Server potrebbe essere scelto per esigenze specifiche come l'integrazione con software Microsoft.

Capitolo 11: DevOps e Nuove Tecnologie

11.1 Introduzione a DevOps

DevOps è una metodologia che unisce sviluppo software (Dev) e operazioni IT (Ops) per migliorare la collaborazione e accelerare i cicli di sviluppo.

11.2 Docker e Kubernetes: Differenze e Utilizzo

- Docker: Una piattaforma per la creazione e la gestione di container, che consente di eseguire applicazioni in ambienti isolati.

- Kubernetes: Un sistema di orchestrazione per gestire e scalare container in ambienti di produzione.

11.3 Il Ruolo di Docker Engine

Docker Engine è il cuore della piattaforma Docker, responsabile della gestione dei container, delle immagini, e delle reti. È fondamentale per garantire la coerenza e l'isolamento delle applicazioni.

Capitolo 12: Sviluppo Web: HTML e CSS

12.1 Introduzione a HTML e CSS

HTML e CSS sono i linguaggi fondamentali per lo sviluppo di siti web:

- HTML (HyperText Markup Language): Definisce la struttura e il contenuto delle pagine web.

- CSS (Cascading Style Sheets): Gestisce la presentazione e lo stile del contenuto HTML.

12.2 Tag HTML e DOM

I tag HTML sono gli elementi di base che costruiscono una pagina web. Il DOM (Document Object Model) rappresenta la struttura della pagina come un albero di nodi, permettendo la manipolazione dinamica del contenuto.

12.3 Sviluppo con CSS

CSS permette di separare la presentazione dal contenuto, offrendo flessibilità nella progettazione di interfacce utente responsive e accattivanti.

Capitolo 13: Sviluppo Web: JavaScript e PHP

13.1 Introduzione a JavaScript

JavaScript è il linguaggio di programmazione utilizzato per rendere le pagine web interattive. Può manipolare il DOM, gestire eventi, e interagire con server tramite AJAX.

13.2 Introduzione a PHP

PHP è un linguaggio di scripting lato server, utilizzato per generare contenuti dinamici, gestire sessioni, e interagire con database.

13.3 Differenze tra JavaScript e PHP

Mentre JavaScript opera principalmente lato client, PHP esegue le sue operazioni lato server, permettendo la creazione di applicazioni web robuste e scalabili.

Capitolo 14: Sviluppo Full Stack

14.1 Sviluppo Full Stack in Java

Un full stack developer in Java deve essere esperto sia nello sviluppo back-end che front-end,

utilizzando tecnologie come Spring Boot per il server e framework come Angular o React per il front-end.

14.2 Java Spring: Il Cuore del Back-end

Spring è un framework Java che facilita lo sviluppo di applicazioni enterprise-grade, fornendo strumenti per la gestione della sicurezza, l'accesso ai dati, e l'integrazione con altri servizi.

14.3 Vue.js: Un Framework JavaScript Moderno

Vue.js è un framework JavaScript progressivo che semplifica lo sviluppo di interfacce utente interattive e reactive, rendendo facile l'integrazione con altri progetti.

Capitolo 15: Web e Sicurezza dei Dati

15.1 Sicurezza dei Dati sul Web

Proteggere i dati degli utenti è cruciale in qualsiasi applicazione web. Questo include la crittografia delle comunicazioni, l'implementazione di protocolli di autenticazione robusti, e la protezione contro attacchi comuni come SQL injection e cross-site scripting (XSS).

15.2 Sicurezza dei Database

La sicurezza dei database si concentra sulla protezione dei dati archiviati da accessi non autorizzati, integrando misure come la crittografia dei dati, il controllo degli accessi, e la gestione delle vulnerabilità.

15.3 Gestione delle Minacce di Sicurezza

Gestire le minacce di sicurezza richiede un approccio proattivo, che include monitoraggio continuo, aggiornamento regolare del software, e l'adozione di pratiche di codifica sicure per minimizzare il rischio di vulnerabilità.

Creare un test con 1200 domande e risposte dettagliate è un compito molto esteso, ma posso offrirti un esempio di alcune domande e risposte su ciascun argomento che hai menzionato. Ecco una selezione di domande su sviluppo web, ingegneria del software, networking, Java, Python 3, PHP, sviluppo web full stack e SQL.

Sviluppo Web

1. Domanda: Qual è la funzione del tag `<div>` in HTML?

   Risposta: Il tag `<div>` in HTML è un elemento di contenitore generico utilizzato per raggruppare e stilizzare altri elementi HTML. Non ha un significato semantico, ma è utile per applicare stili CSS o gestire layout con JavaScript.

2. Domanda: Che cos'è un framework CSS e quali sono alcuni esempi popolari?

   Risposta: Un framework CSS è una raccolta di strumenti predefiniti e stili che aiutano a sviluppare design web responsivi e consistenti in modo più efficiente. Esempi popolari includono Bootstrap, Foundation e Bulma.

Ingegneria del Software

Software

---

3. Domanda: Cos'è il modello a cascata nel ciclo di vita dello sviluppo software?

Risposta: Il modello a cascata è un approccio lineare e sequenziale allo sviluppo software, dove il progresso è visto come un flusso continuo attraverso fasi distinte come analisi dei requisiti, progettazione, implementazione, test e manutenzione. Ogni fase deve essere completata prima di passare alla successiva.

4. Domanda: Qual è la differenza tra test di unità e test di integrazione?

Risposta: I test di unità verificano il corretto funzionamento di singole unità di codice (come funzioni o metodi) in isolamento, mentre i test di integrazione verificano come diverse unità di codice lavorano insieme come un sistema integrato.

Networking

5. Domanda: Che cos'è un indirizzo IP e quale ruolo svolge in una rete?

Risposta: Un indirizzo IP (Internet Protocol) è un identificatore numerico unico assegnato a ogni dispositivo connesso a una rete che utilizza il protocollo IP. Esso consente ai dispositivi di comunicare tra loro, indirizzando i pacchetti di dati verso la destinazione corretta.

6. Domanda: Qual è la differenza tra un router e uno switch in una rete?

Risposta: Un router instrada i pacchetti di dati tra reti diverse e può anche gestire la connessione a Internet. Uno switch, invece, gestisce la comunicazione all'interno di una rete locale (LAN) e dirige i pacchetti di dati tra i dispositivi connessi nella stessa rete.

Java

7. Domanda: Cos'è un costruttore in Java e quando viene utilizzato?

Risposta: Un costruttore in Java è un metodo speciale utilizzato per inizializzare oggetti di una classe. Ha lo stesso nome della classe e non ha un tipo di ritorno. Viene chiamato automaticamente quando viene creato un nuovo oggetto della classe.

8. Domanda: Qual è la differenza tra `==` e `equals()` in Java?

Risposta: In Java, `==` confronta se due riferimenti puntano allo stesso oggetto in memoria, mentre `equals()` è un metodo che confronta il contenuto degli oggetti per determinare se sono equivalenti. `equals()` può essere sovrascritto per definire un confronto specifico basato sul contenuto.

Python 3

9. Domanda: Cos'è una lista in Python e come si differenzia da una tupla?

Risposta: Una lista in Python è una collezione ordinata e modificabile di elementi, definita con parentesi quadre (`[]`). Le tuple, invece, sono anch'esse collezioni ordinate, ma sono immutabili e definite con parentesi tonde (`()`). Una volta creata, una tupla non può essere modificata, mentre una lista può essere modificata.

10. Domanda: Come si gestiscono le eccezioni in Python?

Risposta: Le eccezioni in Python si gestiscono utilizzando i blocchi `try` e `except`. Il codice che potrebbe generare un'eccezione viene posto nel blocco `try`, e il blocco `except` contiene il codice per gestire l'eccezione se essa si verifica. È anche possibile utilizzare `else` e `finally` per eseguire codice aggiuntivo.

PHP

11. Domanda: Che cos'è una variabile superglobale in PHP e quali sono alcuni esempi?

Risposta: Una variabile superglobale in PHP è una variabile predefinita che è accessibile da qualsiasi punto del codice senza la necessità di dichiararla come variabile globale. Alcuni esempi di variabili superglobali includono `$_POST`, `$_GET`, `$_SESSION` e `$_COOKIE`.

Software

---

12. Domanda: Come si connette un'applicazione PHP a un database MySQL?

Risposta: Per connettersi a un database MySQL in PHP, si utilizza la funzione `mysqli_connect()`. Questa funzione richiede i parametri del nome host, nome utente, password e nome del database. Una volta stabilita la connessione, è possibile eseguire query SQL utilizzando l'oggetto di connessione.

Sviluppo Web Full Stack

13. Domanda: Quali sono i principali componenti di un'applicazione web full stack?

Risposta: Un'applicazione web full stack tipicamente include tre componenti principali: il front-end (interfaccia utente), il back-end (logica del server e gestione dei dati) e il database (memorizzazione e recupero dei dati). Il front-end è spesso costruito con tecnologie come HTML, CSS e JavaScript, mentre il back-end può essere sviluppato con linguaggi come Python, Java o PHP.

14. Domanda: Che cos'è un'API REST e quali sono le sue caratteristiche principali?

Risposta: Un'API REST (Representational State Transfer) è uno stile architetturale per progettare servizi web. Le sue caratteristiche principali includono l'uso di HTTP per le comunicazioni, l'uso di URL per identificare le risorse, e la gestione delle operazioni CRUD (Create, Read, Update, Delete) attraverso metodi HTTP come GET, POST, PUT e DELETE.

SQL

15. Domanda: Qual è la differenza tra `INNER JOIN` e `LEFT JOIN` in SQL?

Risposta: `INNER JOIN` restituisce solo le righe che hanno corrispondenze in entrambe le tabelle coinvolte nella join. `LEFT JOIN`, invece, restituisce tutte le righe dalla tabella di sinistra e le righe corrispondenti dalla tabella di destra. Se non ci sono corrispondenze, le righe della tabella di destra contengono valori NULL.

---

16. Domanda: Come si crea una tabella in SQL con colonne `id`, `name` e `age`?

Risposta: Per creare una tabella in SQL con le colonne `id`, `name` e `age`, si utilizza il seguente comando:

```sql
CREATE TABLE person (
    id INT PRIMARY KEY,
    name VARCHAR(100),
    age INT
);
```

Concetti Chiave dell'Architettura di Von Neumann

1. Memoria Unificata:

   - Semplicità e Versatilità: La memoria unificata permette un'architettura più semplice e versatile. I dati e le istruzioni condividono lo stesso spazio di memoria, facilitando la programmazione e l'accesso ai dati.

   - Problemi di Performance: La condivisione della stessa memoria per dati e istruzioni può causare colli di bottiglia, conosciuti come "Von Neumann Bottleneck", dove la velocità di accesso alla memoria diventa un limite per le prestazioni complessive del sistema.

2. Unità di Controllo e Unità Arithmetico-Logica (ALU):

   - Unità di Controllo: Gestisce il ciclo di fetch-decode-execute delle istruzioni e coordina le operazioni tra le diverse parti del computer.

   - ALU: Esegue operazioni aritmetiche e logiche, fondamentali per il processamento dei dati.

3. Programma Memorizzato:

- Flessibilità e Riutilizzabilità: Memorizzare il programma nella memoria consente di modificare il comportamento del computer durante l'esecuzione, facilitando la creazione di software complesso e dinamico.

4. Esecuzione Sequenziale:

   - Semplicità del Modello: L'esecuzione sequenziale è intuitiva e semplice da implementare, ma può limitare le prestazioni rispetto a modelli che permettono l'esecuzione parallela.

5. Bus di Sistema:

   - Collo di Bottiglia di Von Neumann: Il bus condiviso per dati e istruzioni può diventare un collo di bottiglia, limitando la velocità di trasferimento e l'efficienza complessiva del sistema.

Evoluzione e Ottimizzazioni Moderne

I processori moderni, pur basandosi sui principi di Von Neumann, hanno introdotto numerose ottimizzazioni per superare le limitazioni dell'architettura originale:

- Cache: I moderni processori utilizzano cache per ridurre il tempo di accesso ai dati e alle istruzioni, memorizzando le informazioni più frequentemente utilizzate vicino all'unità di elaborazione.

- Architettura Harvard: In alcune architetture moderne, come quella Harvard modificata, si utilizza una separazione tra memoria per dati e memoria per istruzioni, riducendo il collo di bottiglia di Von Neumann.

- Esecuzione Parallela: Tecniche come il pipelining e l'esecuzione simultanea di istruzioni (con più unità di esecuzione) permettono di migliorare l'efficienza e la velocità di processamento.

- Architetture Multicore: L'integrazione di più core all'interno di un singolo processore consente l'esecuzione parallela di più thread e applicazioni, migliorando ulteriormente le prestazioni.

Esempio di Architettura Moderna

Il processore Intel Core i9, ad esempio, rappresenta un'evoluzione significativa dell'architettura di Von Neumann. Esso sfrutta una combinazione di tecniche avanzate:

- Core Multipli: Ogni core può eseguire istruzioni in parallelo, aumentando la capacità di elaborazione.

- Cache Avanzata: Utilizza cache di vari livelli (L1, L2, L3) per ridurre il tempo di accesso alla memoria.

- Hyper-Threading: Permette a ciascun core di gestire più thread simultaneamente, migliorando l'efficienza del processore.

Queste innovazioni hanno permesso ai processori moderni di raggiungere prestazioni elevate, mantenendo le fondamenta dell'architettura di Von Neumann ma superando i suoi limiti attraverso tecniche avanzate di progettazione e ottimizzazione.

Ecco una lista di 50 domande e risposte dettagliate sull'architettura di Von Neumann e la sua evoluzione nei moderni processori:

1. Cos'è l'architettura di Von Neumann?

Software

Risposta: L'architettura di Von Neumann è un modello di progettazione dei computer che propone una struttura in cui dati e istruzioni sono memorizzati nella stessa memoria centrale. Questa architettura, sviluppata da John von Neumann negli anni '40, è alla base della maggior parte dei computer moderni.

2. Qual è la principale caratteristica della memoria unificata?

Risposta: La memoria unificata è caratterizzata dal fatto che ospita sia i dati che le istruzioni del programma nello stesso spazio di memoria. Questo semplifica l'architettura del computer e rende la gestione della memoria più flessibile.

3. Che ruolo svolge l'unità di controllo in un sistema basato su Von Neumann?

Risposta: L'unità di controllo è responsabile della decodifica e dell'esecuzione delle istruzioni, oltre a coordinare le attività delle altre unità del computer, come l'ALU e la memoria.

4. Cosa fa l'ALU (Unità Arithmetico-Logica)?

Risposta: L'ALU esegue operazioni aritmetiche, come addizione e sottrazione, e operazioni logiche, come confronti e operazioni booleane, sui dati forniti.

5. Come viene gestita l'esecuzione sequenziale delle istruzioni?

Risposta: Le istruzioni vengono prelevate, decodificate ed eseguite in un ordine sequenziale. Tuttavia, il flusso può essere alterato da istruzioni di salto, che modificano la sequenza normale di esecuzione.

6. Cosa si intende per "programma memorizzato"?

Risposta: "Programma memorizzato" significa che le istruzioni del programma sono conservate nella memoria del computer e possono essere modificate o eseguite durante l'operazione del computer stesso.

7. Qual è il collo di bottiglia di Von Neumann?

Risposta: Il collo di bottiglia di Von Neumann si riferisce alla limitazione nella velocità di trasferimento dei dati e delle istruzioni causata dall'uso condiviso del bus di sistema per dati e istruzioni, che può ridurre le prestazioni complessive.

8. Come affrontano i moderni processori il collo di bottiglia di Von Neumann?

Risposta: I moderni processori affrontano questo problema attraverso tecnologie come le cache, che memorizzano temporaneamente i dati e le istruzioni più utilizzate, e architetture Harvard modificate, che separano la memoria per dati e istruzioni.

9. Quali sono i principali componenti di un'architettura Von Neumann?

Risposta: I principali componenti includono la memoria centrale (che contiene dati e istruzioni), l'unità di controllo, l'unità aritmetico-logica (ALU), e i bus di sistema per il trasferimento dei dati.

10. Perché l'architettura di Von Neumann è considerata fondamentale per i computer moderni?

Risposta: L'architettura di Von Neumann ha fornito una base concettuale fondamentale per lo sviluppo dei computer, semplificando il design e la programmazione e permettendo l'evoluzione verso architetture più complesse e performanti.

11. Qual è la differenza tra l'architettura di Von Neumann e l'architettura Harvard?

Risposta: La principale differenza è che l'architettura Harvard utilizza memorie separate per dati e istruzioni, mentre l'architettura di Von Neumann utilizza una memoria unificata per entrambi.

12. Come funziona il ciclo di fetch-decode-execute?

Risposta: Il ciclo di fetch-decode-execute è un processo in cui il computer preleva un'istruzione dalla memoria (fetch), la decodifica per determinare l'operazione da eseguire (decode), e infine esegue l'istruzione (execute).

---

13. Che cos'è una cache e come migliora le prestazioni del computer?

Risposta: Una cache è una memoria veloce che memorizza copie dei dati e delle istruzioni più frequentemente utilizzate per ridurre i tempi di accesso. Questo migliora le prestazioni del computer riducendo il tempo necessario per recuperare dati dalla memoria principale.

14. Come influisce l'architettura di Von Neumann sulla programmazione?

Risposta: L'architettura di Von Neumann semplifica la programmazione permettendo l'uso di una memoria condivisa per dati e istruzioni, rendendo più facile scrivere e gestire il software.

15. Qual è il ruolo del bus di sistema?

Risposta: Il bus di sistema è un insieme di linee di comunicazione che trasferiscono dati tra la memoria centrale, l'unità di controllo, l'ALU e altri componenti del computer.

16. Cosa sono le istruzioni di salto e come influenzano l'esecuzione del programma?

Risposta: Le istruzioni di salto modificano il flusso di esecuzione del programma, permettendo di saltare a diverse parti del codice, utile per implementare strutture di controllo come i cicli e le ramificazioni condizionali.

17. Quali sono i vantaggi della separazione tra memoria dei dati e memoria delle istruzioni nell'architettura Harvard?

Risposta: La separazione permette al processore di accedere simultaneamente a dati e istruzioni, riducendo il collo di bottiglia e migliorando la velocità e l'efficienza complessiva.

18. Che cos'è il pipelining e come migliora le prestazioni?

Risposta: Il pipelining è una tecnica che suddivide l'esecuzione delle istruzioni in fasi successive, permettendo al processore di lavorare su più istruzioni contemporaneamente e migliorare la velocità di elaborazione.

---

19. In che modo i core multipli influenzano le prestazioni di un processore?

Risposta: I core multipli consentono l'elaborazione simultanea di più thread o processi, aumentando la capacità di calcolo e migliorando le prestazioni del processore nelle applicazioni multi-threading.

20. Cosa sono le unità di esecuzione parallela e come migliorano le prestazioni?

Risposta: Le unità di esecuzione parallela sono componenti che permettono l'esecuzione simultanea di più istruzioni, migliorando l'efficienza e la velocità del processore tramite l'esecuzione parallela delle operazioni.

21. Che cos'è l'Hyper-Threading e come influisce sulle prestazioni?

Risposta: L'Hyper-Threading è una tecnologia Intel che consente a ciascun core di gestire due thread simultaneamente, migliorando l'efficienza e le prestazioni del processore nelle applicazioni multi-threading.

22. Qual è l'importanza della cache L1, L2 e L3?

Risposta: Le cache L1, L2 e L3 servono a memorizzare dati a diversi livelli di prossimità al core del processore. L1 è la più veloce e vicina al core, seguita da L2 e L3, che sono più grandi ma leggermente più lente. Questa gerarchia di cache migliora l'efficienza e riduce i tempi di accesso alla memoria.

23. Come ha contribuito John von Neumann allo sviluppo dell'architettura dei computer?

Risposta: John von Neumann ha proposto il modello di architettura che porta il suo nome, che ha fornito una base fondamentale per il design dei computer moderni, influenzando profondamente la progettazione e la programmazione dei sistemi informatici.

24. In che modo la gestione della memoria è migliorata rispetto all'architettura di Von Neumann?

Risposta: I miglioramenti nella gestione della memoria includono l'uso di cache, la separazione tra memoria dati e istruzioni, e tecniche di gestione della memoria virtuale, che migliorano l'efficienza e riducono i colli di bottiglia.

Software

---

25. Quali sono i benefici dell'architettura di Von Neumann per i programmatori?

Risposta: L'architettura di Von Neumann semplifica la scrittura e la gestione del software, poiché i programmatori possono lavorare con una memoria unificata per dati e istruzioni e utilizzare un ciclo di esecuzione sequenziale prevedibile.

26. Come i processori moderni implementano la parallelizzazione?

Risposta: I processori moderni implementano la parallelizzazione attraverso core multipli, esecuzione parallela delle istruzioni, e tecniche come il pipelining e

il superpipelining per gestire più operazioni simultaneamente.

27. Qual è il ruolo della memoria virtuale nei moderni sistemi di computer?

Risposta: La memoria virtuale consente di utilizzare lo spazio di memoria fisica in modo più efficiente creando una vista di memoria continua per i programmi, anche se la memoria fisica è limitata o frammentata.

28. Che cos'è il superpipelining e come si differenzia dal pipelining?

Risposta: Il superpipelining è un'estensione del pipelining che aumenta il numero di fasi di pipeline, permettendo l'esecuzione di istruzioni con una maggiore granularità e migliorando ulteriormente le prestazioni del processore.

29. In che modo le architetture dei processori sono evolute dagli anni '40 ad oggi?

Risposta: Le architetture dei processori sono evolute attraverso l'introduzione di tecnologie come la cache, i core multipli, l'Hyper-Threading, il pipelining, e la memoria virtuale, migliorando le prestazioni, l'efficienza e la capacità di elaborazione.

30. Cosa sono le tecniche di predizione del ramo e come migliorano le prestazioni?

Software

Risposta: Le tecniche di predizione del ramo cercano di anticipare quale sarà il prossimo ramo di esecuzione per ridurre i ritardi causati da salti condizionali. Questo aiuta a mantenere il processore occupato e ridurre i tempi di inattività.

31. Qual è il ruolo degli interrupt nel design dei computer?

Risposta: Gli interrupt consentono al processore di sospendere temporaneamente l'esecuzione corrente per gestire eventi o richieste di alta priorità, migliorando la risposta e l'efficienza del sistema.

32. Che cos'è l'allocazione dinamica della memoria e perché è importante?

Risposta: L'allocazione dinamica della memoria consente ai programmi di richiedere e liberare memoria durante l'esecuzione, ottimizzando l'uso della memoria e adattandosi alle esigenze variabili delle applicazioni.

33. Quali sono i principali vantaggi dell'architettura multicore?

Risposta: L'architettura multicore offre vantaggi come l'aumento della capacità di elaborazione parallela, la gestione più efficiente delle applicazioni multi-threading e una migliore risposta generale del sistema.

34. In che modo la virtualizzazione influisce sull'architettura dei computer?

Risposta: La virtualizzazione consente di creare più ambienti di esecuzione virtuali su un singolo hardware fisico, migliorando l'uso delle risorse e facilitando la gestione e l'implementazione di software e servizi.

35. Che cos'è il parallelismo a livello di istruzione (ILP)?

Risposta: ILP è una tecnica che mira ad aumentare il numero di istruzioni eseguite simultaneamente, sfruttando la parallelizzazione delle operazioni per migliorare le prestazioni del processore.

36. Qual è l'importanza dell'architettura a set di istruzioni (ISA)?

Software

Risposta: L'ISA definisce l'insieme di istruzioni che un processore può eseguire, fungendo da interfaccia tra il software e l'hardware e influenzando la progettazione del processore e la scrittura del software.

37. Come influiscono i processori a basso consumo energetico sull'architettura dei computer?

Risposta: I processori a basso consumo energetico sono progettati per ridurre il consumo di energia e il calore generato, influenzando l'architettura tramite tecniche come la riduzione della frequenza di clock, l'ottimizzazione dei cicli di alimentazione e l'uso di tecnologie a risparmio energetico.

38. Qual è il ruolo della memoria cache nel migliorare la velocità del processore?

Risposta: La memoria cache riduce i tempi di accesso ai dati memorizzando copie di dati e istruzioni più frequentemente utilizzati, permettendo al processore di recuperare rapidamente le informazioni necessarie.

39. Come i moderni processori gestiscono l'accesso concorrente alla memoria?

Risposta: I moderni processori utilizzano tecniche come il controllo della coerenza della cache e i protocolli di sincronizzazione per gestire l'accesso concorrente alla memoria, evitando conflitti e garantendo la consistenza dei dati.

40. Che cos'è un'architettura di sistema a memoria condivisa?

Risposta: In un'architettura a memoria condivisa, tutti i processori o i core hanno accesso alla stessa memoria centrale, facilitando la comunicazione e la sincronizzazione tra le diverse unità di elaborazione.

41. Qual è il ruolo della memoria RAM rispetto alla memoria cache?

Risposta: La memoria RAM offre spazio di memoria principale per i dati e le istruzioni, ma è più lenta rispetto alla cache, che memorizza temporaneamente i dati più frequentemente utilizzati per un accesso rapido.

42. Cosa sono le istruzioni vettoriali e come migliorano le prestazioni?

Software

Risposta: Le istruzioni vettoriali eseguono operazioni su array di dati simultaneamente, migliorando le prestazioni in operazioni matematiche complesse come quelle utilizzate in elaborazione dati e grafica.

43. Come i processori gestiscono le operazioni di I/O (input/output)?

Risposta: I processori gestiscono le operazioni di I/O tramite controller dedicati e canali di comunicazione che permettono l'interfacciamento con periferiche come dischi rigidi e dispositivi di input, assicurando il trasferimento e la gestione dei dati.

44. Qual è il ruolo del clock nel funzionamento di un processore?

Risposta: Il clock fornisce il segnale di temporizzazione per sincronizzare le operazioni all'interno del processore, determinando la velocità con cui le istruzioni vengono eseguite e coordinando le attività delle diverse unità del computer.

45. Che cos'è il microcodice e come viene utilizzato nei processori?

Risposta: Il microcodice è una serie di istruzioni di basso livello che vengono eseguite dal processore per implementare le istruzioni a livello di macchina. Consente di realizzare istruzioni complesse con un insieme di operazioni più semplici.

46. Quali sono le sfide nella progettazione di processori ad alte prestazioni?

Risposta: Le sfide includono la gestione del calore, l'ottimizzazione della frequenza di clock, la minimizzazione dei colli di bottiglia, e l'implementazione di tecniche di parallelizzazione e ottimizzazione energetica.

47. Come la progettazione dei processori influisce sul design dei software?

Risposta: La progettazione dei processori influisce sul software poiché determina le istruzioni disponibili, l'efficienza del processamento e le capacità di multitasking, influenzando la progettazione e l'ottimizzazione del software.

Software

---

48. Che cos'è un'architettura RISC e come si differenzia dall'architettura CISC?

Risposta: L'architettura RISC (Reduced Instruction Set Computer) utilizza un set di istruzioni semplice e uniforme, mentre l'architettura CISC (Complex Instruction Set Computer) utilizza un set di istruzioni più complesso e vario. RISC è spesso più veloce per le operazioni semplici, mentre CISC può gestire istruzioni più complesse con meno codice.

49. Come la tecnologia dei transistor ha influenzato l'evoluzione dei processori?

Risposta: La tecnologia dei transistor ha permesso la miniaturizzazione e l'aumento della densità dei circuiti integrati, consentendo la costruzione di processori più potenti e efficienti con un numero maggiore di transistor.

50. Che ruolo hanno i bus di sistema nella comunicazione tra i componenti del computer?

Risposta: I bus di sistema forniscono un canale di comunicazione tra la memoria centrale, il processore e altri componenti del computer, facilitando il trasferimento di dati e istruzioni necessari per l'elaborazione e l'esecuzione delle operazioni.

Spero che queste domande e risposte ti siano utili per comprendere meglio l'architettura di Von Neumann e le sue evoluzioni nei moderni processori!

L'architettura Intel ha avuto una lunga e affascinante evoluzione dal suo inizio negli anni '70 fino ad oggi. Ecco una panoramica delle principali architetture Intel dalla nascita fino al 2024:

1. Intel 4004 (1971)

   - Tipo: Microprocessore a 4 bit

   - Caratteristiche: Il primo microprocessore commerciale al mondo, con una capacità di calcolo limitata ma pionieristica.

Software

---

2. Intel 8008 (1972)

- Tipo: Microprocessore a 8 bit

- Caratteristiche: Primo microprocessore a 8 bit di Intel, migliorato rispetto al 4004 con una maggiore capacità di indirizzamento e operazioni.

3. Intel 8080 (1974)

- Tipo: Microprocessore a 8 bit

- Caratteristiche: Base per molti dei primi personal computer e sistemi embedded; miglioramenti significativi rispetto all'8008.

4. Intel 8086 (1978)

- Tipo: Microprocessore a 16 bit

- Caratteristiche: Introduzione della famiglia x86, che diventerà la base per la maggior parte dei processori Intel successivi. Implementava un bus a 16 bit e un set di istruzioni più avanzato.

5. Intel 80286 (1982)

- Tipo: Microprocessore a 16 bit

- Caratteristiche: Introduzione della modalità protetta, che permetteva la gestione di più task e migliorava la stabilità e sicurezza dei sistemi operativi.

6. Intel 80386 (1985)

- Tipo: Microprocessore a 32 bit

- Caratteristiche: Passaggio a un'architettura a 32 bit, miglioramenti significativi nella gestione della memoria e nella capacità di multitasking.

Software

---

7. Intel 80486 (1989)

- Tipo: Microprocessore a 32 bit

- Caratteristiche: Introduzione della pipeline a 5 stadi e della cache L1 integrata, che migliorava notevolmente le prestazioni.

8. Intel Pentium (1993)

- Tipo: Microprocessore a 32 bit

- Caratteristiche: Introduzione della tecnologia superscalare e della cache L1 più grande, oltre al supporto per il floating-point unit (FPU) integrato.

9. Intel Pentium Pro (1995)

- Tipo: Microprocessore a 32 bit

- Caratteristiche: Progettato per server e workstation, con una cache L2 più grande e miglioramenti nella capacità di elaborazione parallela.

10. Intel Pentium MMX (1996)

- Tipo: Microprocessore a 32 bit

- Caratteristiche: Introduzione del set di istruzioni MMX per migliorare le prestazioni nelle applicazioni multimediali e grafiche.

11. Intel Pentium 4 (2000)

- Tipo: Microprocessore a 32 bit

- Caratteristiche: Introduzione dell'architettura NetBurst, con frequenze di clock molto elevate e una pipeline profonda.

12. Intel Core (2006)

- Tipo: Microprocessore a 64 bit

- Caratteristiche: Nuova architettura basata su Conroe (per desktop) e Merom (per laptop), con miglioramenti nelle prestazioni per watt e maggiore efficienza.

13. Intel Core i7, i5, i3 (2008)

- Tipo: Microprocessore a 64 bit

- Caratteristiche: Introduzione della serie Core, con diverse gamme di prestazioni e miglioramenti come l'Hyper-Threading e la cache L3 condivisa.

14. Intel Core (Architettura Nehalem, 2008)

- Tipo: Microprocessore a 64 bit

- Caratteristiche: Introduzione del controller di memoria integrato e della tecnologia Turbo Boost.

15. Intel Core (Architettura Sandy Bridge, 2011)

- Tipo: Microprocessore a 64 bit

- Caratteristiche: Introduzione della tecnologia AVX (Advanced Vector Extensions) e miglioramenti nella grafica integrata.

16. Intel Core (Architettura Ivy Bridge, 2012)

- Tipo: Microprocessore a 64 bit

- Caratteristiche: Miglioramenti nella densità di transistor e nella grafica integrata, oltre a una riduzione del processo produttivo a 22 nm.

17. Intel Core (Architettura Haswell, 2013)

Software

- Tipo: Microprocessore a 64 bit

- Caratteristiche: Introduzione delle istruzioni AVX2 e miglioramenti nel consumo energetico.

18. Intel Core (Architettura Skylake, 2015)

  - Tipo: Microprocessore a 64 bit

  - Caratteristiche: Introduzione del supporto per DDR4 e miglioramenti nelle prestazioni grafiche e di sistema.

19. Intel Core (Architettura Coffee Lake, 2017)

  - Tipo: Microprocessore a 64 bit

  - Caratteristiche: Maggiore numero di core e thread, con miglioramenti nelle prestazioni multimediali e di gaming.

20. Intel Core (Architettura Comet Lake, 2020)

  - Tipo: Microprocessore a 64 bit

  - Caratteristiche: Aggiornamenti nella frequenza di clock e supporto per tecnologie come Thunderbolt 3.

21. Intel Core (Architettura Tiger Lake, 2020)

  - Tipo: Microprocessore a 64 bit

  - Caratteristiche: Introduzione della grafica Intel Iris Xe e miglioramenti nell'efficienza energetica e nelle prestazioni per watt.

22. Intel Core (Architettura Alder Lake, 2021)

  - Tipo: Microprocessore a 64 bit

- Caratteristiche: Architettura ibrida con core ad alte prestazioni e core ad alta efficienza, supporto per DDR5 e PCIe 5.0.

23. Intel Core (Architettura Raptor Lake, 2022)

  - Tipo: Microprocessore a 64 bit

  - Caratteristiche: Miglioramenti delle prestazioni rispetto ad Alder Lake, con maggiore efficienza energetica e miglioramenti del cache.

24. Intel Core (Architettura Meteor Lake, 2023)

  - Tipo: Microprocessore a 64 bit

  - Caratteristiche: Ulteriori miglioramenti nell'architettura ibrida, con focus su efficienza energetica e prestazioni grafiche avanzate grazie alla nuova grafica integrata.

25. Intel Core (Architettura Arrow Lake, previsto per 2024)

  - Tipo: Microprocessore a 64 bit

  - Caratteristiche: Continuazione dell'architettura ibrida, con nuove innovazioni nelle prestazioni e nell'efficienza energetica, supporto per le più recenti tecnologie di memoria e interconnessione.

Questa panoramica offre un quadro generale dell'evoluzione delle architetture Intel fino al 2024. Ogni generazione ha apportato innovazioni significative, spingendo in avanti le capacità di elaborazione e migliorando l'efficienza energetica.

Ecco una tabella con le prestazioni generali per le architetture Intel dalla prima alla venticinquesima, basata su metriche come la frequenza di clock, il numero di core e thread, e altre caratteristiche chiave. Va notato che le prestazioni variano anche in base ai modelli specifici e alle configurazioni, ma questa tabella fornisce una panoramica comparativa generale.

Architettura	Anno di Lancio	Tipo di Processore	Frequenza di Clock (GHz)	Core/Thread	Cache L1	Cache L2	Cache L3	Tecnologia di Processo
Intel 4004	1971	4 bit	0.74	1/1	-	-	-	10 µm
Intel 8008	1972	8 bit	0.5	1/1	-	-	-	10 µm
Intel 8080	1974	8 bit	2.0	1/1	-	-	-	6 µm
Intel 8086	1978	16 bit	5.0	1/1	-	-	-	3 µm
Intel 80286	1982	16 bit	6.0	1/1	-	-	128 KB	1.5 µm
Intel 80386	1985	32 bit	12.0	1/1	-	12 KB	256 KB	800 nm
Intel 80486	1989	32 bit	20.0	1/1	8 KB	16 KB	256 KB	800 nm
Intel Pentium	1993	32 bit	60.0	2/4	16 KB	16 KB	512 KB	800 nm
Intel Pentium Pro	1995	32 bit	150.0	1/1	16 KB	256 KB	1 MB	600 nm
Intel Pentium MMX	1996	32 bit	233.0	1/1	16 KB	32 KB	512 KB	350 nm
Intel Pentium 4	2000	32 bit	1.5 - 3.8	1/2	16 KB	256 KB	512 KB	180 nm
Intel Core (Conroe)	2006	64 bit	1.86 - 3.33	2/4	32 KB	4 MB	4 MB	65 nm

Model	Year	Architecture	Clock	Cores/Threads	L1	L2	L3	Lithography
Intel Core i7/i5/i3	2008	64 bit	2.66 - 3.20	2/4 to 4/8	32 KB	256 KB	8 MB	45 nm
Intel Core (Nehalem)	2008	64 bit	2.66 - 3.33	4/8	32 KB	256 KB	8 MB	45 nm
Intel Core (Sandy Bridge)	2011	64 bit	2.90 - 3.80	4/8	32 KB	256 KB	8 MB	32 nm
Intel Core (Ivy Bridge)	2012	64 bit	2.90 - 3.80	4/8	32 KB	256 KB	8 MB	22 nm
Intel Core (Haswell)	2013	64 bit	3.00 - 4.00	4/8	32 KB	256 KB	8 MB	22 nm
Intel Core (Skylake)	2015	64 bit	3.20 - 4.00	4/8	32 KB	256 KB	8 MB	14 nm
Intel Core (Coffee Lake)	2017	64 bit	3.20 - 4.70	6/12	32 KB	256 KB	12 MB	14 nm
Intel Core (Comet Lake)	2020	64 bit	2.90 - 5.30	6/12 to 10/20	32 KB	256 KB	20 MB	14 nm
Intel Core (Tiger Lake)	2020	64 bit	2.80 - 4.80	4/8	32 KB	256 KB	12 MB	10 nm
Intel Core (Alder Lake)	2021	64 bit	2.40 - 5.00	6/12 to 16/24	32 KB	256 KB	30 MB	10 nm
Intel Core (Raptor Lake)	2022	64 bit	3.00 - 5.80	8/16 to 24/32	32 KB	256 KB	36 MB	10 nm
Intel Core (Meteor Lake)	2023	64 bit	2.60 - 5.00	6/12 to 16/24	32 KB	256 KB	36 MB	7 nm
Intel Core (Arrow Lake)	2024 (previsto)	64 bit	3.00 - 5.00	6/12 to 16/32	32 KB	256 KB	36 MB	7 nm

Note:

Software

- Frequenza di Clock: Varia tra i modelli e le versioni.

- Core/Thread: Il numero di core e thread può variare tra i modelli specifici della stessa architettura.

- Cache: Le dimensioni della cache possono variare tra i modelli della stessa architettura.

- Tecnologia di Processo: Rappresenta la dimensione del processo di produzione in nanometri (nm).

Questa tabella fornisce un'idea generale delle caratteristiche e delle prestazioni delle principali architetture Intel nel tempo. Le prestazioni effettive dipendono da vari fattori, inclusa la configurazione del sistema e l'uso specifico.

Manuale di Elettronica: Dalla Base all'Avanzato

Indice

1. Introduzione all'Elettronica

   - Cos'è l'Elettronica?

   - Storia e Sviluppo

   - Applicazioni dell'Elettronica

2. Componenti Elettronici di Base

   - Resistenze

   - Condensatori

   - Induttori

Software

- Diode

- Transistor

- Circuiti Integrati

3. Strumenti e Misurazioni

- Multimetro

- Oscilloscopio

- Generatore di Segnali

- Altri Strumenti di Misura

4. Circuiti Elettronici di Base

- Circuiti Resistivi

- Circuiti RC (Resistenza-Capacità)

- Amplificatori Operazionali

5. Teoria dei Circuiti

- Leggi di Kirchhoff

- Teorema di Thevenin e Norton

- Analisi dei Circuiti AC e DC

6. Elettronica Digitale

- Logica Boolean

- Porte Logiche

- Flip-Flop e Registri

Software

- Microcontrollori e Microprocessori

7. Circuiti e Progetti Avanzati

   - Amplificatori Audio

   - Alimentatori Stabilizzati

   - Moduli di Comunicazione

   - Progetti con Microcontrollori

8. Tecniche di Prototipazione e PCB

   - Montaggio su Breadboard

   - Design e Produzione di PCB

   - Saldatore e Tecniche di Saldatura

9. Elettronica Analogica Avanzata

   - Filtri Attivi e Passivi

   - Oscillatori e Generatori di Onde

   - Amplificatori a Transistor e a Tubo

10. Elettronica Digitale Avanzata

    - Circuiti Logici Complessi

    - Design di FPGA e CPLD

    - Comunicazioni Digitali e Protocollo

11. Manutenzione e Risoluzione dei Problemi

Software

- Diagnosi dei Problemi

- Tecniche di Riparazione

- Prevenzione e Manutenzione

---

1. Introduzione all'Elettronica

Cos'è l'Elettronica?

L'elettronica è il ramo della fisica e dell'ingegneria che studia il flusso e il controllo degli elettroni in vari dispositivi e circuiti. Questa disciplina è fondamentale per la progettazione e il funzionamento di una vasta gamma di dispositivi, dai computer e telefoni cellulari alle apparecchiature audio e agli strumenti medici.

Storia e Sviluppo

L'elettronica moderna ha avuto origine nel primo XX secolo con l'invenzione del transistor e dello sviluppo dei circuiti integrati. Le scoperte scientifiche di base, come l'effetto fotoelettrico e la teoria dei semiconduttori, hanno rivoluzionato la tecnologia e permesso la nascita di computer, telefoni e altre tecnologie avanzate.

Software

Applicazioni dell'Elettronica

Le applicazioni dell'elettronica sono onnipresenti nella vita moderna. Esse comprendono:

- Telecomunicazioni: telefoni, radio, TV, internet.

- Automazione e Controllo: robotica, automazione industriale.

- Medicina: dispositivi medici, imaging diagnostico.

- Consumo: elettrodomestici, dispositivi portatili.

---

2. Componenti Elettronici di Base

Resistenze

Le resistenze limitano il flusso di corrente in un circuito. La loro unità di misura è l'Ohm (Ω). Le resistenze possono essere fisse o variabili (potenziometri).

Formula: $R = \frac{V}{I}$

Condensatori

I condensatori immagazzinano energia elettrica nel campo elettrico. La loro unità di misura è il Farad (F). I condensatori possono essere elettrolitici, ceramici, a film, ecc.

Formula: $Q = C \times V$

Induttori

Gli induttori immagazzinano energia nel campo magnetico. La loro unità di misura è l'Henry (H). Sono utilizzati per filtrare segnali e nella progettazione di trasformatori.

Formula: $V_L = L \frac{dI}{dt}$

Diode

I diodi permettono il passaggio della corrente in una sola direzione. Sono utilizzati per la rettificazione e protezione.

Formula: $V_D = V_{in} - I \times R_{D}$

Transistor

I transistor amplificano o commutano segnali elettronici. Possono essere BJT (Bipolar Junction Transistor) o FET (Field Effect Transistor).

Formula per BJT: $I_C = \beta \times I_B$

Circuiti Integrati

I circuiti integrati (IC) sono chip che contengono diversi componenti elettronici in un unico pacchetto. Possono essere amplificatori operazionali, timer, microcontrollori, ecc.

---

3. Strumenti e Misurazioni

Multimetro

Il multimetro misura tensione, corrente e resistenza. È uno strumento essenziale per la diagnosi dei circuiti.

Misura della tensione: Impostare il multimetro su "Volt" e collegare i puntali al circuito.

Oscilloscopio

L'oscilloscopio visualizza le forme d'onda dei segnali elettrici nel tempo. È utile per analizzare frequenze e segnali variabili.

Uso base: Collegare il sondino al punto del circuito e osservare la forma d'onda sul display.

Generatore di Segnali

Il generatore di segnali produce segnali periodici per testare circuiti. Può generare onde sinusoidali, quadre e triangolari.

Software

Impostazione: Scegliere la frequenza e l'ampiezza desiderate e collegare l'uscita al circuito.

Altri Strumenti di Misura

Altri strumenti utili includono il misuratore di frequenza, l'analizzatore di spettro e il ponte per misurare componenti passivi.

---

4. Circuiti Elettronici di Base

Circuiti Resistivi

I circuiti resistivi comprendono resistori in serie e parallelo. La legge di Ohm e le regole dei circuiti paralleli e in serie sono fondamentali.

Esempio: Per resistenze in serie, $R_{tot} = R_1 + R_2 + ...$

Circuiti RC (Resistenza-Capacità)

I circuiti RC sono utilizzati per filtri e temporizzatori. La costante di tempo $\tau = R \times C$ determina la risposta del circuito.

Formula: $V(t) = V_0 \left(1 - e^{-t/RC}\right)$

Amplificatori Operazionali

Gli amplificatori operazionali sono componenti versatili utilizzati per amplificare segnali. Possono essere configurati come amplificatori in somma, differenziali e integratori.

Configurazione: In un amplificatore non invertente, \(V_{out} = V_{in} \left(1 + \frac{R_f}{R_{in}}\right) \)

---

5. Teoria dei Circuiti

Leggi di Kirchhoff

- Legge delle Correnti di Kirchhoff (KCL): La somma delle correnti che entrano in un nodo è uguale alla somma delle correnti che escono.

- Legge delle Tensioni di Kirchhoff (KVL): La somma algebrica delle tensioni in un circuito chiuso è zero.

Teorema di Thevenin e Norton

- Teorema di Thevenin: Un circuito lineare può essere rappresentato da una sorgente di tensione e una resistenza in serie.

- Teorema di Norton: Un circuito lineare può essere rappresentato da una sorgente di corrente e una resistenza in parallelo.

Analisi dei Circuiti AC e DC

- Circuiti DC: Analizzati utilizzando le leggi di Ohm e Kirchhoff per tensione e corrente costante nel tempo.

- Circuiti AC: Analizzati con l'uso di impedenze e fasori per segnali periodici e variabili nel tempo.

---

6. Elettronica Digitale

Logica Boolean

La logica Boolean è alla base dell'elettronica digitale e comprende operazioni come AND, OR, NOT.

Tabella di Verità:

- AND: Solo vero se entrambi gli ingressi sono veri.

- OR: Vero se almeno uno degli ingressi è vero.

- NOT: Inverte lo stato dell'ingresso.

Porte Logiche

Software

Le porte logiche sono i mattoni fondamentali dei circuiti digitali. Possono essere combinate per creare circuiti più complessi come addizionatori e registri.

Flip-Flop e Registri

- Flip-Flop: Memorizzano bit di dati e sono usati nei registri e nelle memorie.
- Registri:

 Gruppi di flip-flop usati per immagazzinare e manipolare dati.

Microcontrollori e Microprocessori

- Microcontrollori: Integrano CPU, memoria e periferiche in un singolo chip. Utilizzati in sistemi embedded.
- Microprocessori: CPU ad alte prestazioni usati nei computer e in altri dispositivi complessi.

---

7. Circuiti e Progetti Avanzati

Amplificatori Audio

Gli amplificatori audio sono progettati per amplificare i segnali audio. Possono essere analogici o digitali, con vari stadi di amplificazione e filtri.

Software

Alimentatori Stabilizzati

Gli alimentatori stabilizzati forniscono una tensione costante nonostante le variazioni di carico e di tensione in ingresso. Possono essere lineari o switching.

Moduli di Comunicazione

I moduli di comunicazione permettono lo scambio di dati tra dispositivi. Possono includere moduli Wi-Fi, Bluetooth, e RF.

Progetti con Microcontrollori

I progetti con microcontrollori possono includere sistemi di controllo automatizzati, interfacce utente e dispositivi intelligenti.

---

8. Tecniche di Prototipazione e PCB

Montaggio su Breadboard

Il breadboard è un'ottima piattaforma per prototipare circuiti senza saldatura. I componenti possono essere facilmente collegati e scollegati.

Design e Produzione di PCB

Software

Il design di PCB (Printed Circuit Board) prevede la creazione di schemi e la disposizione dei componenti su un circuito stampato. Le PCB possono essere prodotte attraverso vari metodi, inclusi etching e stampa serigrafica.

Saldatore e Tecniche di Saldatura

La saldatura è essenziale per collegare i componenti sui PCB. Tecniche comuni includono la saldatura a stagno e l'uso di saldatori a temperatura controllata.

---

9. Elettronica Analogica Avanzata

Filtri Attivi e Passivi

I filtri sono utilizzati per selezionare o attenuare frequenze specifiche. I filtri passivi non richiedono alimentazione esterna, mentre i filtri attivi utilizzano amplificatori.

Oscillatori e Generatori di Onde

Gli oscillatori generano onde periodiche e possono essere progettati per una varietà di frequenze e forme d'onda, come sinusoidali, quadre e triangolari.

Amplificatori a Transistor e a Tubo

Software

Gli amplificatori a transistor sono comuni nei dispositivi moderni, mentre gli amplificatori a tubo, meno comuni, sono usati per applicazioni audio di alta qualità.

---

10. Elettronica Digitale Avanzata

Circuiti Logici Complessi

I circuiti logici complessi includono contatori, moltiplicatori e divisori. Possono essere progettati con gate logici e memorie.

Design di FPGA e CPLD

Le FPGA (Field-Programmable Gate Arrays) e CPLD (Complex Programmable Logic Devices) sono utilizzate per implementare circuiti logici personalizzati.

Comunicazioni Digitali e Protocollo

Le comunicazioni digitali comprendono protocolli di trasmissione come UART, SPI e I2C. Questi protocolli sono utilizzati per la comunicazione tra dispositivi.

11. Manutenzione e Risoluzione dei Problemi

Diagnosi dei Problemi

La diagnosi dei problemi coinvolge l'uso di strumenti di misura per identificare malfunzionamenti e anomalie nei circuiti.

Tecniche di Riparazione

Le tecniche di riparazione includono la sostituzione di componenti difettosi, la riparazione di tracce danneggiate e il debugging dei circuiti.

Prevenzione e Manutenzione

La prevenzione include pratiche come la protezione contro sovratensioni e la pulizia regolare dei circuiti per evitare accumuli di polvere e corrosione.

---

12. Conclusioni e Risorse Aggiuntive

Tendenze Future nell'Elettronica

Le tendenze future includono l'elettronica flessibile, i dispositivi indossabili e i progressi nei semiconduttori e nella nanotecnologia.

Libri e Risorse Online

Libri consigliati:

- "The Art of Electronics" di Paul Horowitz e Winfield Hill

- "Microelectronic Circuits" di Adel S. Sedra e Kenneth C. Smith

Siti web e risorse online:

- IEEE Xplore Digital Library

- Electronics Tutorials (www.electronics-tutorials.ws)

Comunità e Forum

Partecipare a comunità e forum online come Stack Exchange (Electronics Stack Exchange) e Reddit (r/electronics) può fornire supporto e consigli pratici.

Indice

- Il linguaggio Java e la sua evoluzione

- Installazione e configurazione dell'ambiente di sviluppo (JDK)

- Compilazione del codice Java

- Java Virtual Machine (JVM)

3. Variabili e costanti

- Dichiarazione di variabili in Java

- Tipi di dati fondamentali

- Tipi di riferimento

- Tipo nullo (null)

- Conversioni di tipo

- Variabili locali e globali

- Ambito (scope) delle variabili

- Caratterizzazione delle variabili

- Costanti

4. Array

- Definizione e uso degli array

- Array monodimensionali

- Array multidimensionali

- Costanti di tipo array

5. Operatori

- Operatori di assegnamento

- Operatori aritmetici

- Operatori unari (+ e -)

- Operatori relazionali

- Operatori di uguaglianza

- Operatori logici

- Operatore condizionale

- Operatori bit a bit

- Operatori composti di assegnamento

- Tabella di precedenza degli operatori

6. Istruzioni e strutture di controllo

  - Selezione (if, switch)

  - Iterazione (for, while, do-while)

  - Istruzioni di salto (break, continue)

  - Altre istruzioni di controllo

7. Metodi

  - Dichiarazione di un metodo

  - Parametri e argomenti di un metodo

  - Argomenti di lunghezza variabile

  - Overloading dei metodi

  - Metodi statici e non statici

8. Classi e oggetti

- Eccezioni in Java

- Gestione delle eccezioni (try, catch, finally)

- Asserzioni

- Creazione di eccezioni personalizzate

12. Package e moduli in Java

  - Creazione e utilizzo dei package

  - Modularizzazione del codice

  - Uso delle annotazioni

13. Caratteri e stringhe

  - La classe Character

  - Manipolazione delle stringhe con la classe String

  - StringBuilder e StringBuffer

  - Operazioni sulle stringhe

14. Collezioni in Java

  - Liste, Set e Map

  - ArrayList, LinkedList

  - HashSet, TreeSet

  - HashMap, TreeMap

15. Programmazione concorrente

  - Thread e multitasking

- Sincronizzazione

- Esecuzione parallela

16. File e Stream

 - Lettura e scrittura di file

 - Stream di input/output

 - File handling in Java

17. Programmazione di rete

 - Introduzione alla programmazione di rete

 - Connessioni TCP e UDP

 - Comunicazione client-server

18. Introduzione a PHP

 - Sintassi di base del linguaggio

 - Variabili, operatori, commenti

 - Strutture di controllo (if-else, cicli)

19. Array in PHP

 - Array associativi e indicizzati

 - Array multidimensionali

 - Funzioni per manipolare array

20. Passaggio di variabili nei link e nei form

- Metodi GET e POST

- Template PHP

21. Sicurezza in PHP

    - Validazione dei dati

    - Prevenzione degli attacchi XSS e SQL Injection

22. Interfaccia con database MySQL

    - Creare una tabella in MySQL

    - Inserire, visualizzare, aggiornare e cancellare dati

    - Connessione PHP-MySQL con MySQLi e PDO

23. Sessioni e gestione dei cookie

    - Sessioni in PHP

    - Autenticazione utente e pagine protette

    - Gestione dei cookie

24. Creazione di una classe Controller in PHP

    - Creazione di oggetti e classi

    - Uso dei costruttori

    - Connessione con il database

25. Programmazione avanzata in PHP

    - Funzioni personalizzate

- Librerie di funzioni riutilizzabili

- OOP avanzata in PHP (ereditarietà, incapsulamento)

Capitolo 1: Introduzione ai Paradigmi di Programmazione

Paradigmi di Programmazione

Il concetto di "paradigma" in informatica si riferisce a un modello o approccio alla programmazione. Esistono diversi paradigmi, ciascuno dei quali offre un diverso modo di risolvere problemi e strutturare il codice. I principali paradigmi includono:

Programmazione imperativa: È il paradigma più diffuso, in cui un programma è una sequenza di istruzioni che modificano lo stato di un sistema. Java è un linguaggio principalmente imperativo.

Programmazione orientata agli oggetti (OOP): Java è stato sviluppato con l'OOP come concetto principale. L'idea base è la modellazione di concetti reali tramite oggetti, che combinano stato (variabili) e comportamento (metodi).

Programmazione funzionale: In questo paradigma, la programmazione è basata su funzioni matematiche e l'assenza di stati mutabili. Java ha introdotto caratteristiche di programmazione funzionale a partire dalla versione 8, come le espressioni lambda.

Programmazione logica: Questo paradigma è basato su regole e logica, piuttosto che su esecuzione sequenziale di istruzioni. Esempi di linguaggi logici includono Prolog.

Principi base dello sviluppo software

Indipendentemente dal linguaggio o dal paradigma, lo sviluppo software si basa su alcuni principi universali:

Modularità: Dividere il codice in moduli o funzioni permette una gestione più facile e riutilizzabilità del codice.

Manutenibilità: Scrivere codice che possa essere aggiornato e corretto facilmente.

Efficienza: Ottimizzare l'uso delle risorse hardware come CPU e memoria.

Leggibilità: Scrivere codice che possa essere compreso facilmente da altri sviluppatori.

Introduzione allo sviluppo in Java

Java è un linguaggio di programmazione ad alto livello, orientato agli oggetti, e indipendente dalla piattaforma grazie alla JVM (Java Virtual Machine). Fu sviluppato per la prima volta da Sun Microsystems negli anni '90 e divenne rapidamente uno dei linguaggi più diffusi nel mondo del software grazie alla sua portabilità e robustezza.

Capitolo 2: Elementi di un ambiente Java

Il linguaggio Java e la sua evoluzione

Java è stato introdotto da Sun Microsystems negli anni '90 come linguaggio orientato agli oggetti, con l'obiettivo di essere portabile, sicuro e semplice da usare. La sua evoluzione ha visto l'aggiunta di molte nuove caratteristiche, come la programmazione funzionale con espressioni lambda, strumenti per la programmazione concorrente e miglioramenti in termini di prestazioni e sicurezza.

Installazione e configurazione dell'ambiente di sviluppo (JDK)

Per iniziare a sviluppare in Java, è necessario installare il Java Development Kit (JDK), che contiene il compilatore, la JVM e le librerie standard. È importante configurare correttamente le variabili di ambiente, come il `PATH`, in modo che il sistema possa trovare il compilatore Java e altri strumenti necessari.

Compilazione del codice Java

Il processo di compilazione in Java trasforma il codice sorgente (file `.java`) in bytecode (file `.class`), che può essere eseguito sulla Java Virtual Machine (JVM). Questo avviene con il comando `javac` seguito dal nome del file sorgente.

Java Virtual Machine (JVM)

La JVM è il componente che rende Java indipendente dalla piattaforma. Il bytecode generato dal compilatore Java viene eseguito dalla JVM, che traduce le istruzioni in comandi comprensibili per il sistema operativo su cui gira. La JVM fornisce anche strumenti per la gestione della memoria e la sicurezza.

Capitolo 3: Variabili e costanti

Dichiarazione di variabili in Java

In Java, le variabili devono essere dichiarate prima di essere utilizzate. Una dichiarazione include il tipo della variabile e il suo nome, ad esempio: `int numero;`. Una volta dichiarata, la variabile può essere assegnata un valore.

Tipi di dati fondamentali

Java ha otto tipi di dati primitivi: `byte`, `short`, `int`, `long`, `float`, `double`, `char` e `boolean`. Questi tipi rappresentano valori semplici come numeri interi, numeri in virgola mobile, caratteri e valori booleani (vero o falso).

Tipi di riferimento

Oltre ai tipi primitivi, Java utilizza tipi di riferimento per oggetti e array. I tipi di riferimento non memorizzano il valore stesso, ma un riferimento all'oggetto nella memoria. Esempi di tipi di riferimento includono le classi, le interfacce e gli array.

Tipo nullo (null)

`null` è un valore speciale in Java che rappresenta l'assenza di un oggetto. Una variabile di tipo riferimento può essere inizialmente impostata su `null` per indicare che non fa riferimento a nessun oggetto.

Conversioni di tipo

Java consente conversioni tra tipi compatibili, sia in modo implicito che esplicito. Le conversioni implicite avvengono quando il tipo di destinazione ha una capacità maggiore rispetto al tipo sorgente (ad esempio, da `int` a `long`). Le conversioni esplicite, o cast, sono necessarie quando si passa da un tipo più grande a uno più piccolo (ad esempio, da `double` a `int`).

Variabili locali e globali

Le variabili locali sono dichiarate all'interno di un metodo o di un blocco di codice e sono visibili solo in quell'ambito. Le variabili globali, invece, sono dichiarate a livello di classe e possono essere utilizzate da tutti i metodi della classe.

Ambito (scope) delle variabili

L'ambito di una variabile si riferisce alla porzione di codice in cui essa è visibile e accessibile. Le variabili locali hanno un ambito limitato al metodo o blocco in cui sono dichiarate, mentre le variabili globali sono accessibili in tutta la classe.

Caratterizzazione delle variabili

Le variabili possono essere caratterizzate come final, se il loro valore non può essere modificato una volta assegnato. Una variabile final deve essere inizializzata al momento della dichiarazione o nel costruttore della classe.

Costanti

Le costanti in Java sono variabili dichiarate come `final`, il cui valore non può essere cambiato dopo l'inizializzazione. Sono spesso utilizzate per rappresentare valori che non devono variare, come `Math.PI`.

Capitolo 4: Array

Definizione e uso degli array

Un array è una struttura dati che contiene una collezione di elementi dello stesso tipo. In Java, un array può essere dichiarato e inizializzato come segue: `int[] numeri = new int[10];`. Una volta creato, la dimensione di un array non può essere modificata.

Array monodimensionali

Un array monodimensionale è una lista lineare di elementi, dove ogni elemento è accessibile tramite un indice. Gli indici di un array in Java iniziano da 0, quindi il primo elemento è `array[0]`.

Array multidimensionali

Un array multidimensionale è un array di array. Ad esempio, un array bidimensionale può essere visto come una tabella con righe e colonne: `int[][] matrice = new int[3][3];`. Ogni elemento è accessibile tramite due indici, uno per la riga e uno per la colonna.

Costanti di tipo array

Le costanti di tipo array possono essere dichiarate utilizzando `final`, il che significa che non è possibile cambiare il riferimento dell'array, anche se i singoli elementi possono essere modificati.

Capitolo 5: Operatori

Operatori di assegnamento

L'operatore di assegnamento più comune in Java è `=`, che assegna un valore a una variabile. Esistono anche operatori di assegnamento combinati come `+=`, `-=`, `*=`, che combinano l'assegnamento con un'operazione aritmetica.

Operatori aritmetici

Gli operatori aritmetici in Java includono `+`, `-`, `*`, `/` e `%`. Questi operatori permettono di eseguire operazioni matematiche su variabili e costanti numeriche.

Operatori unari (+ e -)

Gli operatori unari come `+` e `-` possono essere usati per indicare il segno positivo o negativo di un numero. Inoltre, l'operatore `++` incrementa una variabile di 1, mentre `--` la decrementa di 1.

Operatori relazionali

Gli operatori relazionali confrontano due valori e restituiscono un risultato booleano (`true` o `false`). Gli operatori includono `>`, `<`, `>=`, `<=`.

Operatori di uguaglianza

Gli operatori `==` e `!=` sono utilizzati per verificare se due valori sono uguali o diversi. Questi operatori sono spesso utilizzati nelle istruzioni condizionali.

Operatori logici

Gli operatori logici includono `&&` (AND), `||` (OR) e `!` (NOT). Questi operatori permettono di combinare o invertire condizioni booleane.

Operatore condizionale

L'operatore condizionale `? :` è un costrutto ternario che consente di scrivere un'istruzione condizionale compatta. Ad esempio, `risultato = (condizione) ? valore1 : valore2;`.

Operatori bit a bit

Gli operatori bit a bit operano sui singoli bit di numeri interi. Includono `&`, `|`, `^`, `~`, e gli operatori di shift `<<`, `>>`, `>>>`.

Operatori composti di assegnamento

Questi operatori combinano l'assegnamento con un'operazione aritmetica o logica. Ad esempio, `x += 5;` equivale a `x = x + 5;`.

Tabella di precedenza degli operatori

Gli operatori in Java hanno una certa precedenza, che determina l'ordine in cui vengono valutati in un'espressione complessa. Ad esempio, gli operatori aritmetici hanno una precedenza maggiore rispetto agli operatori logici.

Capitolo 6: Istruzioni e strutture di controllo

Selezione (if, switch)

Le istruzioni di selezione in Java permettono di eseguire blocchi di codice in base a condizioni. L'istruzione `if` valuta una condizione booleana e, se vera, esegue un blocco di codice. L'istruzione `switch` confronta il valore di una variabile con una serie di casi e esegue il blocco corrispondente.

Iterazione (for, while, do-while)

Le istruzioni di iterazione permettono di ripetere l'esecuzione di un blocco di codice. L'istruzione `for` è utilizzata quando si conosce il numero di iterazioni, mentre `while` e `do-while` vengono utilizzati per iterazioni condizionali.

Istruzioni di salto (break, continue)

Le istruzioni di salto permettono di interrompere o continuare l'esecuzione di cicli. `break` termina immediatamente il ciclo, mentre `continue` salta l'iterazione corrente e passa alla successiva.

Altre istruzioni di controllo

Java include altre istruzioni di controllo, come `return` per restituire un valore da un metodo e `throw` per lanciare un

'eccezione.

Capitolo 7: Metodi

Dichiarazione di un metodo

Un metodo in Java è un blocco di codice che esegue una specifica operazione e può essere richiamato da altre parti del programma. Per dichiarare un metodo, si utilizza la seguente sintassi:

`tipo_di_ritorno nomeMetodo(parametri) { // corpo del metodo }`. Ad esempio, un metodo che somma due numeri potrebbe essere dichiarato così:

`int somma(int a, int b) { return a + b; }`.

Parametri e argomenti di un metodo

I parametri di un metodo sono le variabili che accettano valori quando il metodo viene invocato. Gli argomenti, invece, sono i valori effettivi passati quando si chiama il metodo. Nell'esempio sopra, `a` e `b` sono parametri, mentre i valori che verranno passati alla chiamata del metodo sono argomenti.

Argomenti di lunghezza variabile

Java consente di definire metodi con un numero variabile di argomenti utilizzando l'operatore `...`. Questo permette di passare un numero arbitrario di valori a un metodo. Ad esempio:

`void stampaNumeri(int... numeri) { for (int numero : numeri) { System.out.println(numero); } }`.

Overloading dei metodi

L'overloading consente di definire più metodi con lo stesso nome ma con parametri diversi. Java sceglierà il metodo corretto in base al tipo e al numero di argomenti passati. Ad esempio, si può definire sia `int somma(int a, int b)` sia `double somma(double a, double b)`.

Metodi statici e non statici

Un metodo statico appartiene alla classe e può essere chiamato senza creare un'istanza della classe, mentre un metodo non statico può essere chiamato solo su un'istanza specifica. I metodi statici si dichiarano con la parola chiave `static`. Ad esempio:

`static void saluta() { System.out.println("Ciao!"); }`.

Capitolo 8: Classi e oggetti

Dichiarazione di una classe

Una classe in Java è un modello che definisce le proprietà e i comportamenti di un oggetto. Per dichiarare una classe, si usa la sintassi:

`class NomeClasse { // variabili di istanza e metodi }`. Una classe può avere variabili d'istanza, metodi, costruttori e blocchi di codice statici.

Creazione e utilizzo di oggetti

Un oggetto è un'istanza di una classe. Per creare un oggetto, si utilizza il costruttore della classe con l'operatore `new`. Ad esempio:

`NomeClasse oggetto = new NomeClasse();`.

Classi interne ed esterne

Una classe interna è una classe definita all'interno di un'altra classe. Le classi interne possono accedere alle variabili e ai metodi della classe esterna. Esistono diversi tipi di classi interne: non statiche, statiche, locali e anonime.

Enumerazioni

Un'enumerazione (`enum`) è un tipo speciale di classe che rappresenta un insieme fisso di costanti. Ad esempio:

`enum Giorno { LUNEDI, MARTEDI, MERCOLEDI, ... }`.

Ereditarietà

L'ereditarietà è un meccanismo che permette a una classe di ereditare le proprietà e i metodi di un'altra classe. Si utilizza la parola chiave `extends` per indicare l'ereditarietà. Ad esempio:

`class Auto extends Veicolo { }`.

Polimorfismo

Il polimorfismo consente a un oggetto di essere trattato come un'istanza della sua classe base o di una delle sue classi derivate. Il polimorfismo si ottiene attraverso l'override dei metodi o l'implementazione delle interfacce.

Eccezioni all'ereditarietà

In alcuni casi, la relazione di ereditarietà potrebbe non essere applicabile. Ad esempio, una classe finale non può essere ereditata.

La classe Object

Tutte le classi in Java derivano implicitamente dalla classe `Object`. Questo significa che ogni classe eredita alcuni metodi di base come `toString()`, `equals()` e `hashCode()`.

Capitolo 9: Classi avanzate

Classi astratte

Una classe astratta non può essere istanziata e può contenere metodi astratti, che devono essere implementati dalle sottoclassi concrete. Si utilizza la parola chiave `abstract` per dichiarare una classe o un metodo astratto.

Interfacce

Un'interfaccia in Java è un contratto che una classe può implementare. Le interfacce possono contenere solo dichiarazioni di metodi e costanti. A partire da Java 8, le interfacce possono anche avere metodi di default e statici.

Classi anonime

Le classi anonime sono classi senza nome che vengono utilizzate per implementare metodi di interfacce o sovrascrivere metodi di classi esistenti in modo rapido e temporaneo.

Programmazione generica

La programmazione generica permette di scrivere classi e metodi che funzionano con tipi diversi senza la necessità di sovraccaricare il codice. Si utilizza la notazione di parametri di tipo tra parentesi angolari, ad esempio: `class Box<T> { T valore; }`.

Parametri di tipo generico

I parametri generici permettono di creare classi, metodi e interfacce che lavorano con qualsiasi tipo di dato. Ad esempio, una classe `Lista<T>` può funzionare con `Lista<String>` o `Lista<Integer>` senza dover riscrivere il codice.

Metodi e classi generiche

I metodi generici funzionano con tipi di dato generici e vengono dichiarati con una sintassi simile alle classi generiche. Ad esempio:

`<T> void stampa(T valore) { System.out.println(valore); }`.

Software

Capitolo 10: Programmazione funzionale in Java

Lambda expressions

Le espressioni lambda sono una caratteristica introdotta in Java 8 che permette di trattare funzioni come valori. Ad esempio, una lambda expression che somma due numeri può essere definita così: `(a, b) -> a + b`.

Funzioni come oggetti

Le espressioni lambda permettono di passare funzioni come argomenti a metodi o di restituirle come valori. Questo facilita l'uso di funzioni all'interno di raccolte e stream.

Interfacce funzionali

Un'interfaccia funzionale è un'interfaccia che contiene un solo metodo astratto e può essere implementata utilizzando lambda expressions. Un esempio di interfaccia funzionale è `Runnable`, che ha un unico metodo `run()`.

Utilizzo delle lambda expressions

Le lambda expressions vengono utilizzate principalmente per operazioni su collezioni, come ordinamento, filtraggio e mappatura. Ad esempio:

`lista.stream().filter(x -> x > 10).forEach(System.out::println);`.

Capitolo 11: Eccezioni e asserzioni

Eccezioni in Java

Un'eccezione è un evento che interrompe il normale flusso di esecuzione di un programma. Java gestisce le eccezioni attraverso l'uso di `try`, `catch`, e `finally`. Le eccezioni possono essere lanciate (throw) e catturate (catch) per gestire situazioni di errore.

Gestione delle eccezioni (try, catch, finally)

Le istruzioni `try` permettono di racchiudere il codice che può generare un'eccezione. Se si verifica un'eccezione, viene catturata dal blocco `catch`. Il blocco `finally` esegue sempre il codice che vi è contenuto, indipendentemente dal fatto che un'eccezione venga sollevata o meno.

Asserzioni

Le asserzioni sono utilizzate per verificare ipotesi nel codice. Se un'asserzione fallisce, genera un'eccezione `AssertionError`. Le asserzioni possono essere abilitate o disabilitate in fase di esecuzione.

Creazione di eccezioni personalizzate

Java permette di creare eccezioni personalizzate estendendo la classe `Exception`. Ad esempio:

`class MiaEccezione extends Exception { }`.

Capitolo 12: Package e moduli in Java

Creazione e utilizzo dei package

I package sono utilizzati per organizzare le classi in gruppi logici e prevenire conflitti di nomi. Si utilizza la dichiarazione `package` per definire il package di una classe. I package possono essere importati con `import`.

Modularizzazione del codice

Java 9 ha introdotto il sistema di moduli, che consente di raggruppare package correlati in unità più grandi chiamate moduli. Ogni modulo ha un file `module-info.java` che specifica quali package vengono esportati e quali moduli vengono utilizzati.

Software

Uso delle annotazioni

Le annotazioni sono meta-informazioni che possono essere aggiunte a classi, metodi e variabili per fornire ulteriori istruzioni al compilatore o al runtime. Alcune annotazioni comuni includono `@Override`, `@Deprecated`, e `@FunctionalInterface`.

Capitolo 13: Caratteri e stringhe

La classe `Character`

La classe `Character` è una classe wrapper per il tipo primitivo `char`, e fornisce diversi metodi statici per operazioni su caratteri. Alcuni esempi di metodi sono `isDigit()`, `isLetter()`, `toUpperCase()`, `toLowerCase()`, che permettono di controllare e manipolare i caratteri in modo più semplice. Ad esempio, per verificare se un carattere è una lettera:

`boolean risultato = Character.isLetter('a');`.

Manipolazione delle stringhe con la classe `String`

Le stringhe in Java sono oggetti immutabili della classe `String`. Questo significa che una volta creata, una stringa non può essere modificata. Tuttavia, la classe `String` fornisce molti metodi utili per manipolare e analizzare le stringhe, come `substring()`, `charAt()`, `indexOf()`, `split()`, e `replace()`. Ecco un esempio:

`String frase = "Ciao mondo"; String sottostringa = frase.substring(5);`.

StringBuilder e StringBuffer

Poiché le stringhe sono immutabili, quando è necessario effettuare molte operazioni di modifica su stringhe, è più efficiente utilizzare `StringBuilder` o `StringBuffer`. Entrambe le classi permettono di creare stringhe mutabili, ma la differenza principale è che `StringBuffer` è thread-safe, mentre `StringBuilder` non lo è, rendendolo più veloce in contesti non concorrenti.

Operazioni sulle stringhe

Oltre alle operazioni di base fornite dalla classe `String`, è possibile utilizzare `StringBuilder` o `StringBuffer` per operazioni più complesse come concatenazione efficiente o costruzione incrementale di stringhe. Ad esempio:

`StringBuilder sb = new StringBuilder(); sb.append("Ciao").append(" ").append("mondo");`.

Capitolo 14: Collezioni in Java

Liste, Set e Map

Le collezioni in Java sono strutture dati che permettono di memorizzare gruppi di oggetti. Le interfacce principali del framework delle collezioni sono `List`, `Set`, e `Map`. Una `List` mantiene un ordine preciso degli elementi e consente duplicati, un `Set` non consente duplicati, e una `Map` associa chiavi univoche a valori.

ArrayList, LinkedList

`ArrayList` e `LinkedList` sono implementazioni concrete dell'interfaccia `List`. `ArrayList` utilizza un array dinamico per memorizzare gli elementi, ed è ottimale per accessi casuali agli elementi. `LinkedList` invece è implementata come una lista doppiamente collegata, rendendola più efficiente per inserimenti e cancellazioni.

HashSet, TreeSet

Un `HashSet` è un'implementazione di `Set` basata su una tabella hash, ed è utile quando è necessario evitare duplicati e garantire un tempo di accesso costante. Un `TreeSet`, invece, mantiene gli elementi ordinati e si basa su un albero di ricerca binario bilanciato (red-black tree), rendendolo più adatto quando l'ordine è importante.

HashMap, TreeMap

`HashMap` è una mappa che memorizza coppie chiave-valore e utilizza una tabella hash per garantire un tempo di accesso costante. `TreeMap` è un'implementazione di `Map` che mantiene le chiavi ordinate, e si basa anch'essa su un albero di ricerca binario bilanciato.

Capitolo 15: Programmazione concorrente

Thread e multitasking

Java supporta la programmazione concorrente tramite l'uso dei thread. Un thread è un'unità di esecuzione indipendente che può essere eseguita in parallelo con altri thread. È possibile creare un thread estendendo la classe `Thread` o implementando l'interfaccia `Runnable`. Ad esempio:

`class MioThread extends Thread { public void run() { System.out.println("Esecuzione del thread"); } }`.

Sincronizzazione

Quando più thread condividono risorse, è necessario utilizzare la sincronizzazione per evitare condizioni di gara. La parola chiave `synchronized` può essere utilizzata per sincronizzare blocchi di codice o metodi. Ad esempio:

`synchronized void metodoSincronizzato() { // codice }`.

Esecuzione parallela

Java fornisce una serie di strumenti per facilitare l'esecuzione parallela, come il framework `Executor` e le classi di utilità nella libreria `java.util.concurrent`. Questi strumenti permettono di gestire in modo più semplice thread pool, esecuzione concorrente e gestione delle risorse.

Capitolo 16: File e Stream

Lettura e scrittura di file

La lettura e scrittura di file in Java può essere effettuata utilizzando diverse classi fornite nel pacchetto `java.io` e `java.nio.file`. Ad esempio, per leggere un file di testo:

`BufferedReader br = new BufferedReader(new FileReader("file.txt")); String linea; while ((linea = br.readLine()) != null) { System.out.println(linea); } br.close();`.

Stream di input/output

Gli stream rappresentano flussi di dati che possono essere letti o scritti in modo sequenziale. Java supporta sia stream di byte che di caratteri. I principali stream di input/output includono `FileInputStream`, `FileOutputStream`, `BufferedInputStream`, e `BufferedOutputStream`.

File handling in Java

Java fornisce diverse classi per gestire file e directory, come `File`, `Paths`, e `Files`. Queste classi permettono di creare, eliminare, e manipolare file e directory. Ad esempio, per creare un nuovo file:

`File file = new File("nuovoFile.txt"); file.createNewFile();`.

Capitolo 17: Programmazione di rete

Introduzione alla programmazione di rete

Java fornisce solide API per la programmazione di rete, che permettono di creare applicazioni che comunicano tramite TCP/IP. Le classi principali includono `Socket` e `ServerSocket`, utilizzate per implementare la comunicazione client-server.

Connessioni TCP e UDP

TCP (Transmission Control Protocol) è un protocollo di comunicazione affidabile, orientato alla connessione. Java supporta la creazione di connessioni TCP utilizzando le classi `Socket` e `ServerSocket`. UDP (User Datagram Protocol) è un protocollo senza connessione, utilizzato per comunicazioni rapide e non affidabili, implementato tramite le classi `DatagramSocket` e `DatagramPacket`.

Software

Comunicazione client-server

Per implementare una comunicazione client-server in Java, si utilizza una combinazione di `ServerSocket` per il server e `Socket` per il client. Ad esempio, per avviare un server che ascolta su una porta:

`ServerSocket serverSocket = new ServerSocket(8080); Socket socket = serverSocket.accept();`.

Capitolo 18: Introduzione a PHP

Sintassi di base del linguaggio

PHP (Hypertext Preprocessor) è un linguaggio di scripting lato server utilizzato principalmente per lo sviluppo di applicazioni web dinamiche. La sintassi di base di PHP è simile a quella di altri linguaggi di programmazione come C e Java. Un semplice script PHP:

`<?php echo "Ciao, mondo!"; ?>`.

Variabili, operatori, commenti

In PHP, le variabili iniziano con il simbolo `$` e non è necessario dichiarare il tipo. Gli operatori in PHP includono operatori aritmetici, di confronto e logici, simili a quelli di Java. I commenti possono essere scritti utilizzando `//` o `/* */` per commenti su più righe.

Strutture di controllo (if-else, cicli)

Le strutture di controllo in PHP includono costrutti come `if`, `else`, `switch`, e cicli come `for`, `while`, e `foreach`. Un esempio di ciclo `for`:

`for ($i = 0; $i < 10; $i++) { echo $i; }`.

Capitolo 19: Array in PHP

Software

Array associativi e indicizzati

PHP supporta sia array indicizzati, dove le chiavi sono numeri interi, sia array associativi, dove le chiavi sono stringhe. Ad esempio, un array indicizzato:

`$frutti = array("mela", "banana", "ciliegia");`.

Array multidimensionali

Gli array multidimensionali in PHP sono array che contengono altri array. Ad esempio:

`$matrice = array(array(1, 2), array(3, 4));`.

Funzioni per manipolare array

PHP offre numerose funzioni integrate per manipolare array, come `array_push()`, `array_pop()`, `count()`, e `sort()`. Queste funzioni permettono di aggiungere, rimuovere, ordinare e contare gli elementi di un array.

Capitolo 20: Passaggio di variabili nei link e nei form

Metodi GET e POST

In PHP, le variabili possono essere passate da una pagina all'altra utilizzando i metodi GET e POST. Il metodo GET invia i dati come parte dell'URL, mentre POST li invia nel corpo della richiesta HTTP. GET è comunemente utilizzato per richieste che non modificano lo stato del server (come la ricerca su un sito web), mentre POST è utilizzato per inviare dati sensibili o modificare lo stato del server (come nei form di registrazione).

Ecco un esempio di utilizzo del metodo GET:

```php
<form action="pagina.php" method="GET">

  <input type="text" name="nome">
```

```
  <input type="submit">
</form>
```

E un esempio per POST:

```php
<form action="pagina.php" method="POST">
  <input type="text" name="nome">
  <input type="submit">
</form>
```

I dati inviati con GET possono essere recuperati tramite `$_GET['nome']`, mentre quelli inviati con POST tramite `$_POST['nome']`.

Template PHP

In PHP, i template sono utilizzati per separare la logica del codice dalla presentazione HTML. Un template PHP è un file che contiene il layout HTML insieme a codice PHP che può essere eseguito dinamicamente. Ad esempio, si può creare una pagina HTML con inclusioni condizionali di codice PHP.

Capitolo 21: Sicurezza in PHP

Validazione dei dati

Uno dei principi fondamentali per la sicurezza nelle applicazioni PHP è la validazione dei dati in ingresso. Questo significa assicurarsi che i dati provenienti da form, URL o altre fonti esterne siano sicuri prima di utilizzarli. Per esempio, per assicurarsi che un input sia un intero:

```php
```

```
$valore = filter_input(INPUT_POST, 'numero', FILTER_VALIDATE_INT);
```

Prevenzione degli attacchi XSS e SQL Injection

Cross-Site Scripting (XSS) e SQL Injection sono due dei principali rischi di sicurezza per le applicazioni PHP. XSS avviene quando codice malevolo (come script JavaScript) è iniettato in una pagina web. Per prevenire XSS, si deve sempre "escapare" l'output, ad esempio:

```php
echo htmlspecialchars($input);
```

SQL Injection si verifica quando gli input dell'utente vengono utilizzati direttamente nelle query SQL senza essere adeguatamente filtrati. Questo permette a un attaccante di manipolare le query SQL e accedere o modificare i dati nel database. L'uso delle query preparate con `PDO` o `MySQLi` può aiutare a prevenire SQL Injection:

```php
$stmt = $pdo->prepare("SELECT * FROM utenti WHERE id = ?");
$stmt->execute([$id]);
```

Capitolo 22: Interfaccia con database MySQL

Creare una tabella in MySQL

La gestione dei database in PHP è spesso effettuata utilizzando MySQL. Per creare una tabella in MySQL, si utilizza il comando SQL `CREATE TABLE`. Ad esempio:

```sql
```

```
CREATE TABLE utenti (
    id INT AUTO_INCREMENT PRIMARY KEY,
    nome VARCHAR(50) NOT NULL,
    email VARCHAR(100) NOT NULL
);
```

Inserire, visualizzare, aggiornare e cancellare dati

Dopo aver creato una tabella, si possono inserire dati usando il comando `INSERT INTO`:

```sql
INSERT INTO utenti (nome, email) VALUES ('Mario Rossi', 'mario@example.com');
```

Per visualizzare i dati, si utilizza il comando `SELECT`:

```sql
SELECT * FROM utenti;
```

Per aggiornare i dati esistenti, si usa il comando `UPDATE`:

```sql
UPDATE utenti SET nome = 'Luigi' WHERE id = 1;
```

Infine, per cancellare dati:

```sql
DELETE FROM utenti WHERE id = 1;
```

Connessione PHP-MySQL con MySQLi e PDO

PHP fornisce due principali estensioni per connettersi a un database MySQL: MySQLi e PDO. MySQLi è specifico per MySQL, mentre PDO è un'interfaccia più generica che supporta diversi tipi di database. Un esempio di connessione utilizzando MySQLi:

```php
$conn = new mysqli('localhost', 'username', 'password', 'database');
if ($conn->connect_error) {
    die("Connessione fallita: " . $conn->connect_error);
}
```

Capitolo 23: Sessioni e gestione dei cookie

Sessioni in PHP

Le sessioni permettono di mantenere dati tra richieste diverse di un utente. Una sessione inizia con `session_start()`, e i dati possono essere salvati nella variabile superglobale `$_SESSION`:

```php
session_start();
$_SESSION['nome'] = 'Mario';
```

I dati della sessione rimangono disponibili finché la sessione non viene distrutta o scade.

Autenticazione utente e pagine protette

Le sessioni sono spesso utilizzate per gestire l'autenticazione degli utenti e limitare l'accesso a determinate pagine. Ad esempio, si può controllare se un utente è autenticato controllando la presenza di una variabile di sessione:

```php
if (!isset($_SESSION['logged_in'])) {
    header("Location: login.php");
    exit();
}
```

Gestione dei cookie

I cookie sono piccoli file memorizzati sul computer dell'utente e inviati al server ad ogni richiesta. I cookie possono essere utilizzati per memorizzare informazioni come le preferenze dell'utente o il token di autenticazione. Per impostare un cookie in PHP:

```php
setcookie("nome", "Mario", time() + 3600);
```

Questo cookie sarà disponibile per un'ora.

Capitolo 24: Creazione di una classe Controller in PHP

Creazione di oggetti e classi

PHP supporta la programmazione orientata agli oggetti (OOP), permettendo di creare classi e oggetti. Per definire una classe:

```php
```

```
class Utente {

    public $nome;

    public function __construct($nome) {

        $this->nome = $nome;

    }

    public function saluta() {

        return "Ciao, " . $this->nome;

    }

}
$utente = new Utente("Mario");

echo $utente->saluta();

```
```

Uso dei costruttori

Il costruttore è un metodo speciale che viene chiamato quando viene creato un oggetto di una classe. Il costruttore è definito con il metodo `__construct()` e viene utilizzato per inizializzare le proprietà dell'oggetto.

Connessione con il database

Nelle applicazioni PHP complesse, le classi controller gestiscono le interazioni tra l'interfaccia utente e il database. Una classe controller potrebbe includere metodi per connettersi al database, eseguire query SQL, e restituire i risultati all'utente.

Capitolo 25: Programmazione avanzata in PHP
```

Software

Funzioni personalizzate

Le funzioni personalizzate permettono di riutilizzare il codice e ridurre la duplicazione. Le funzioni possono accettare parametri e restituire valori:

```php
function saluta($nome) {
    return "Ciao, " . $nome;
}
echo saluta("Mario");
```

Librerie di funzioni riutilizzabili

In PHP, è possibile organizzare funzioni in file separati e includerli nelle pagine quando necessario usando `include` o `require`. Questo permette di creare librerie di funzioni riutilizzabili che possono essere utilizzate in tutto il progetto.

OOP avanzata in PHP (ereditarietà, incapsulamento)

PHP supporta anche concetti avanzati di OOP come ereditarietà, che permette a una classe di ereditare proprietà e metodi da un'altra classe:

```php
class Animale {
    public function dorme() {
        echo "L'animale dorme";
    }
}
class Cane extends Animale {
```

```
    public function abbaia() {

        echo "Il cane abbaia";

    }

}

$cane = new Cane();

$cane->dorme();

$cane->abbaia();
```
```

Incapsulamento, che nasconde i dettagli interni di un oggetto, è implementato tramite modificatori di accesso come `public`, `private`, e `protected`.


Capitolo 26: Introduzione a JavaScript


JavaScript è un linguaggio di scripting lato client utilizzato principalmente per creare pagine web interattive. Fu introdotto da Netscape nel 1995 e da allora è diventato uno degli strumenti più importanti per lo sviluppo di applicazioni web dinamiche. A differenza di Java, che è un linguaggio compilato, JavaScript è un linguaggio interpretato, eseguito direttamente dal browser.


Sintassi di base di JavaScript

JavaScript ha una sintassi semplice e flessibile. Ecco alcuni elementi fondamentali:


Variabili

Le variabili in JavaScript vengono dichiarate usando `var`, `let` o `const`:

```javascript
```
```

```
var nome = "Mario"; // dichiarazione con var (obsoleta)

let età = 25;      // dichiarazione con let (scopo locale)

const pi = 3.14;   // dichiarazione con const (non modificabile)
```

`let` e `const` sono preferibili a `var`, poiché forniscono un migliore controllo dell'ambito delle variabili.

Operatori

Gli operatori in JavaScript sono simili a quelli in altri linguaggi di programmazione. Gli operatori aritmetici includono `+`, `-`, `*`, `/`, `%` (modulo). Gli operatori di assegnamento includono `=`, `+=`, `-=`, `*=`, `/=`, `%=`. Gli operatori logici includono `&&` (and), `||` (or), `!` (not).

Ecco un esempio:

```javascript
let somma = 10 + 5;  // somma sarà 15

let prodotto = 10 * 5; // prodotto sarà 50
```

Commenti

I commenti in JavaScript possono essere di una riga o di più righe:

```javascript
// Questo è un commento su una sola riga


/*

  Questo è un commento su più righe
```

```
*/
```

```
```

Strutture di controllo

JavaScript supporta le classiche strutture di controllo, come `if-else`, `switch`, `for`, `while`, e `do-while`.

Esempio di struttura `if-else`:

```javascript
if (età >= 18) {
    console.log("Sei maggiorenne");
} else {
    console.log("Non sei maggiorenne");
}
```

Cicli

I cicli `for`, `while` e `do-while` in JavaScript funzionano in modo simile a quelli di altri linguaggi.

Ciclo `for`:

```javascript
for (let i = 0; i < 5; i++) {
    console.log(i);
}
```

Ciclo `while`:

```javascript
let i = 0;
while (i < 5) {
    console.log(i);
    i++;
}
```

Funzioni

Le funzioni in JavaScript permettono di eseguire blocchi di codice riutilizzabile. Si possono dichiarare in due modi: tramite la dichiarazione di funzione o tramite le funzioni anonime.

Dichiarazione di funzione:

```javascript
function saluta(nome) {
    return "Ciao, " + nome;
}
console.log(saluta("Mario"));
```

Funzione anonima:

```javascript
```

```javascript
let saluto = function(nome) {
    return "Ciao, " + nome;
};
console.log(saluto("Luigi"));
```


Arrow functions

Con l'introduzione di ECMAScript 6 (ES6), JavaScript ha introdotto le arrow functions, una sintassi più concisa per dichiarare funzioni:

```javascript
let saluta = (nome) => "Ciao, " + nome;
console.log(saluta("Paolo"));
```


Capitolo 27: Manipolazione del DOM

Il Document Object Model (DOM) è una rappresentazione ad albero della struttura HTML di una pagina web. JavaScript può essere utilizzato per manipolare gli elementi del DOM e creare pagine interattive.

Selezionare elementi del DOM

Per manipolare un elemento nel DOM, è necessario selezionarlo. JavaScript fornisce diversi metodi per farlo, come `getElementById()`, `getElementsByClassName()`, e `querySelector()`.

Esempio:

```javascript
```

```javascript
let titolo = document.getElementById("titolo");

let paragrafi = document.getElementsByClassName("paragrafo");

let primoParagrafo = document.querySelector("p");
```

Modificare contenuti HTML

Per modificare il contenuto di un elemento HTML, si può utilizzare la proprietà `innerHTML` o `textContent`:

```javascript
let titolo = document.getElementById("titolo");

titolo.innerHTML = "Nuovo Titolo";
```

Aggiungere ed eliminare elementi

JavaScript permette di aggiungere o eliminare elementi dal DOM. Per esempio, si può creare un nuovo nodo e aggiungerlo alla pagina:

```javascript
let nuovoElemento = document.createElement("p");

nuovoElemento.textContent = "Questo è un nuovo paragrafo.";

document.body.appendChild(nuovoElemento);
```

Per rimuovere un elemento:

```javascript
let elemento = document.getElementById("paragrafo");
```

---

elemento.remove();

```

```

Eventi

Gli eventi sono azioni che si verificano nella pagina web, come un clic dell'utente o il caricamento della pagina. In JavaScript, si possono gestire eventi con `addEventListener()`.

Esempio di gestione di un evento click:

```javascript
let bottone = document.getElementById("bottone");

bottone.addEventListener("click", function() {

    alert("Hai cliccato il bottone!");

});
```

Capitolo 28: Programmazione asincrona in JavaScript

JavaScript è un linguaggio single-threaded, il che significa che esegue una sola operazione alla volta. Tuttavia, con la programmazione asincrona, è possibile gestire operazioni come richieste di rete senza bloccare l'esecuzione del programma.

Callback

Una funzione callback è una funzione passata come argomento a un'altra funzione, ed è chiamata quando l'operazione è completata.

Esempio:

```javascript
function saluta(callback) {
   console.log("Ciao");
   callback();
}

function arrivederci() {
   console.log("Arrivederci");
}

saluta(arrivederci);
```

Promise

Le promise sono un'alternativa alle callback per gestire operazioni asincrone. Una promise può essere risolta (quando l'operazione ha successo) o rifiutata (quando c'è un errore).

Esempio:

```javascript
let promessa = new Promise((risolvi, rifiuta) => {
   let successo = true;
   if (successo) {
      risolvi("Operazione completata con successo");
```

```
  } else {
    rifiuta("Operazione fallita");
  }
});


promessa.then((messaggio) => {
  console.log(messaggio);
}).catch((errore) => {
  console.log(errore);
});
```

Async/Await

Async/await è una sintassi introdotta in ECMAScript 2017 (ES8) per lavorare con codice asincrono in modo più semplice rispetto alle promise.

Esempio:
```javascript
async function esempioAsync() {
  let promessa = new Promise((risolvi, rifiuta) => {
    setTimeout(() => risolvi("Completata!"), 2000);
  });

  let risultato = await promessa;
```

```
  console.log(risultato);

}


esempioAsync();
```


Capitolo 29: Richieste HTTP e AJAX

AJAX (Asynchronous JavaScript and XML) è una tecnica per aggiornare parti di una pagina web senza ricaricarla completamente. Questo viene fatto tramite richieste HTTP asincrone.

Esempio di richiesta AJAX usando `XMLHttpRequest`:

```javascript
let xhr = new XMLHttpRequest();

xhr.open("GET", "https://api.example.com/dati", true);

xhr.onload = function() {

  if (xhr.status == 200) {

    console.log(xhr.responseText);

  }

};

xhr.send();
```


Con `fetch()`, un metodo moderno per fare richieste HTTP:

```javascript
fetch("https://api.example.com/dati")
  .then(response => response.json())
  .then(data => console.log(data))
  .catch(error => console.log("Errore:", error));
```

Con questa sezione su JavaScript, concludiamo una panoramica su uno dei linguaggi di scripting più importanti per lo sviluppo web.

www.ingramcontent.com/pod-product-compliance
Lightning Source LLC
LaVergne TN
LVHW041216050326
832903LV00021B/659